**절반 세대가
온다**

절반 세대가 온다

초판 1쇄 발행 2023년 12월 15일

지은이 | 한국일보 창간기획팀
펴낸이 | 조미현

편집 | 박이랑
본문 디자인 | 서채홍
표지 디자인 | 엄윤영

펴낸곳 | 현암사
등록 | 1951년 12월 24일 (제10-126호)
주소 | 04029 서울시 마포구 동교로12안길 35
전화 | 02-365-5051 | 팩스 02-313-2729
전자우편 | editor@hyeonamsa.com
홈페이지 | www.hyeonamsa.com

ISBN 978-89-323-2338-1 03300

절반 세대가 온다

온다

**인구 절반의 세대가
몰고 올 충격을
해부하다**

한국일보
창간기획팀
지음

현암사

일러두기

-이 책에 나오는 인터뷰 대상 중 특정 단체나 연구소 소속이 아닌 일반인의 이름은 대부분 가명입니다.

들어가며

청년 세대의 목소리로 써 내려간
인구 위기 보고서

\# 94년생인 내 또래 중 '아이를 낳고 싶다'고 말하는 이는 별종이다. 주변에 '비애국자'만 있나 싶어서 통계를 들여다봤다. 2022년 청년 여성 세 명 중에 두 명(65.0%), 청년 남성은 열 명 중 넷(43.3%)은 결혼을 해도 아이는 필요 없다고 봤다. 애당초 결혼에 긍정적인 청년이 셋 중 한 명(36.4%) 뿐이다.

이 책은 부모 세대에서 정확히 반토막 난 절반 세대에 대해 다루지만, 그들에 대한 해설서는 아니다. 21세기 내내 대한민국의 전 세대와 사회에 걸쳐 가장 큰 구조적 변화를 가져올 인구 문제의 예견서로 보는 것이 맞을 것이다. 이제 막 30대에 진입한 청년으로서 이번 취재를 하며 '이생망(이번 생은 망했다)', '탈조선'이라는 수년 전 유행어를 자주 떠올렸다.

이제는 모두가 출생률이 문제라는 것을 안다. 하지만 그 현실이 우리 모두의 여생 동안 가져올 변화나 합계출산율 제고라는 진부한 해법 외에 정작 '축소사회 적응' 논의가 시급하다는 점에는 대부분 무관심한 듯하다. 진지한 논의가 실종된 공론장을 메우는 건 "지금까지 한국을 사랑해 주셔서 감사합니다"라는 짐짓 유쾌한 척하는 자조 어린 농담들뿐이다.

인정하기 싫어도 축소사회는 이미 도래했다. 2022년 출생아 수는 24만 9,000명으로 이들이 모두 결혼해 자녀를 두 명씩 가진다고 해도 2050년대 생은 20만여 명 언저리를 맴돌 것이다. 이 추세면 2022년과 비교할 때 2050년 생산가능인구는 34.75% 줄고, 피부양 인구는 44.67% 늘어난다(한국경제연구원).

'빨리빨리의 민족'은 이제 전 세계에서 가장 빨리 늙고 있다. 인구 변화는 경제·사회·복지·교육·국방·이민 문제로 이어지며 결국 대한민국이라는 공동체의 존재 의의와 정의를 되묻는 시험이 될 것이다. 부족해진 일손을 이주노동자로 메우겠다면 우리 사회의 '한국인' 개념은 다양하고 유연하게 확장될 수 있을까. 가족 단위 부양과 돌봄으로 지탱되던 사회에서 '핵개인'이 기본값이 된다면 현 사회보장제도로도 충분할까.

당장 묻고 토론하지 않으면 안 될 질문들이다. 이 땅의 아이들이 언젠가 '소멸 국가 출신'으로 불릴지 모른다는 불길한 농담이 현실이 되지 않으려면 말이다.

— 한국일보 창간기획팀 94년생 **최나실**

\#　마감을 앞두고 밤을 새던 새벽, 커피와 에너지드링크를 연이어 들이부어도 혼미하던 정신이 클릭 한 번에 돌아왔다. 진부하지만 프라이팬으로 뒤통수를 맞는 기분이었다. 그때 내가 열어본 자료는 '연도별 한국 출생아 수(1970~2020)'였다. 처음에는 무심히 스크롤을 내렸다.

흠, 우리 엄마가 태어난 1970년엔 100만 명, 내가 태어난 1995년엔 70만 명, 2002년에 49만 명으로 줄어드는구나. 그리고 2020년엔 절반 세대의 절반인 27만 명까지…아니 잠깐, 그러니까 2050년, 내가 쉰다섯 중년이고 우리 엄마는 여든인 그때가 되면 서른 살이 될 현재 2020년생은 고작 27만 명뿐이라는 건가? 그리고 바로 생각했다. '나라가 망하겠다. 이민 가야 하나?'

하지만 말이 그렇지 이민은 쉽지 않다. 여든 어르신들의 인구가 서른 살 인구의 3배가 넘는 2050년을 상상해봤다. '일단 매달 떼어가는 국민연금은 나와 다시 만날 일 없겠구나. 그냥 허공에 흩뿌려지는 돈이네. 요양원은 미어터지겠지. 지금도 돌봄 인력이 부족하다고 난리인데 그땐 어쩌려나. 지방엔 청년이 실종된 지 오래라는데 저 때는 시골 마을 하나가 통째로 사라지는 거 아냐?'

흔히 저출생 대책을 이야기할 때면 지금 당장 아이를 많이 낳게 하는 것에 집중한다. 그런데 내가 그려본 2050년의 미래, 역삼각형 인구구조는 지금 당장 출생률이 올라간다고 해결되는 문제가 아니다. 지금 적게 낳든 많이 낳든, 2050년의 30세 이상 인구수는 바뀌지 않을 것이다. 이미 일어난 저출생 현상의 결과니까. 그러니까 아주 꽉 닫힌 결말인 셈이다.

여기까지 생각이 미치니 화가 나기 시작했다. '연도별 출생아 수'라는 간단한 통계가 이렇게 미래를 미리 알려주는데, 왜 우리 사회에 2050년을 대비하는 움직임은 보이지 않는 걸까? 모르는 척 눈 감고 있다 혼란이 닥치면 각개전투로 살아남아야 하는 걸까? 그런 세상에서 30세가 된 2020년생은 아이를 낳고 싶을까?

'먹고 살기 힘들어서'는 저출생 원인을 따질 때 단골처럼 등장하는 말이다. 그런데 더 먹고 살기 힘들어지는 사회가 코앞으로 다가왔다. 부디 이런 논의가 활발하게 되어 지금이라도 장기적인 관점으로, 한국의 인구 대책을 수립하는 움직임이 일어나길 바란다.

— 한국일보 창간기획팀 95년생 **박지영**

저출생이 이대로 계속 심해진다면 한국은 지구상에서 사라지는 첫 번째 나라가 될 것이란 유명 석학의 섬뜩한 경고가 나온 지도 벌써 17년. 하지만 이 심각한 인구 문제의 취재를 위해 만난 2000대 이후 태어난 청년들에게 국가 소멸이란 충격

요법은 새삼스럽지 않은 것 같았다. 나라가 곧 망한다는 데도 무덤덤해 보였다. 앞에서 먼저 소회를 밝힌, 함께 취재를 했던 90년대생 기자들과도 이야기를 나누어보면 크게 다르지 않았다. 그들에게는 나라의 앞날에 대한 걱정보다는 체념과 분노의 마음이 더 컸다.

"망해도 한국이 망하는 거지, 제가 망하는 건 아니지 않나요?"

인구 절벽 위기에 맞서 청년들이 적극적으로 나서야 하는 것은 아닌지 묻는 나의 '젊은 꼰대'스러운 질문에, 스물한 살 대학생은 해맑게 웃으며 응수했다. 대한민국에 그 어떠한 희망도 품지 않겠다는 절망과 냉소를 꾹꾹 눌러 담아서 말이다. 취재 과정에서 만났던 이 땅의 청년들은 그동안 많이 절규했고 이제는 체념하고 있었다.

'인구가 줄어 사회가 무너질 위기다. 그러니 젊은이들은 아이를 많이 낳아야 한다' 훈계와 호통으로만 결론이 채워지는 사이, 인구 위기의 당사자로서 인구 절벽 시대를 감당해야 할 세대는 정작 설 자리를 잃고 있는 것은 아닐까. 우리는 대한민국 저출생에 따른 인구 위기가 해결되지 못하는 근본 원인이 '화자(話者)'의 오류에 있다는 것을 깨달았다. 수백조 원을 쏟아 붓고도 백약이 무효한 저출생 대책을 만든 건 기성세대였다. 문제 진단부터 대안까지 그들끼리, 그들만의 리그에서 정해지고 있었다.

생각이 그렇게 부딪히자 판을 확 새롭게 뒤집어야 했다. 그래서 우리가 내세운 이야기의 주인공은 절반 세대였다. 전문가들의 이야기와 진단도 물론 중요했지만 그보다는 100만 명에 달했던 부모 세대보다 정확히 반토막 난 인구 집단, 미래 세대의 이야기에 귀를 기울이고, 미래 세대 눈높이에서 해결책을 모색하는 것이 필요하다는 생각이 들었다. 그러니까, 이 책은 '청년 세대가, 미래의 목소리로 써 내려간 인구 위기 보고서'라고 말할 수 있다.

"내 한몸 건사하기도 힘든데 굳이 아이를 낳아서 나의 불행을 또 다시 대물림해야 할까요?"

우리가 만나본 절반 세대의 요구는 분명했다. 아이를 낳으라고 강요만 하지 말고, 태어날 아이도, 키우는 어른도 행복한 세상을 먼저 만들어달라는 것이었다. 그러기 위해선, 갈수록 쪼그라드는 대한민국 인구 규모에 맞춰 사회 시스템을 하나하나 재구조화하는 작업을 이제부터 시작해야 한다. 지금껏 기성세대가 누려온 세상의 틀을 바꿔 나가며 미래 세대가 존속할 세계를 함께 준비하는 일이다. 어느 한 쪽의 일방적 희생과 포기만을 강요해서는 결코 풀리지 못하는 문제일 것이다.

"대한민국 완전히 망했네요, 와우!" 얼마 전 방영했던 인구 위기를 다룬 다큐멘터리에서 미국의 한 대학교수는 2022년 대한민국 합계출산율 숫자(0.78명)를 전해 듣자마자, 머리를 부여잡으며 경악했다. OECD 평균 합계출산율(1.59명)의 절반에도 미치지 못하는 한국의 암담한 현실이 그에게는 충격과 공포로 다가왔을 것이다. 이 현실의 악순환을 끊어버리기 위해 기성세대는 절반 세대의 이야기를 나중이 아니라 지금부터 끊어내지 않고 들어야 할 것이다. 그것이 대한민국이 망하지 않고, 사라지지 않는 길이다. 이 책이 우리 모두의 미래와 공존을 위한 작은 경청의 시작이 됐으면 한다.

2023년 11월
한국일보 창간기획팀을 대표하여
강윤주

차 례

들어가며 청년 세대의 목소리로 써 내려간 인구 위기 보고서 5

제1부
소멸은 시작되었다

쪼그라드는 대한민국

0.78, 합계출산율 세계 꼴찌의 나라 21 | 서울을 떠나면 살 수 있을까 28 |
군부대가 사라지고 있다 32 | 건국 이래 처음 등장한 절반 세대 36 | 조금 다른
삶을 살아도 행복한 사회 41

제2부
그들 앞에 펼쳐진 세계

1. 누구라도 사는 게 낫지 않나요?

두 대학 이야기 45 | 소멸하는 대학의 유학생 지푸라기 47 | 누군가에게는 기회의
나라 51 | 절반 쇼크의 대안 55

2. 2038 대한민국

월급의 3분의 1이 원천징수 되는 월급명세서 61 | 2017년생 청년 신세계의
취업일지 69

3. 의료·정치·부동산 디스토피아

혈액은 부족하고 수혈 고령자는 늘어가고 79 | 2040년, 노인을 위한 나라는
없다? 83 | 부동산 시장의 절반 쇼크 88

4. 절반 세대의 연애·결혼·출산 리포트

아이 낳지 않을 결심 93 | '굳이' 결혼이 아니라도 99 | 그 책임, 왜 우리가 져야 하죠? 107 | 젠더관이라는 거름망 114 | 우리가 연애를 하지 않는 이유 118

5. 저출생 원년 2002년

70년대생부터 이미 변화는 시작되었다 122 | IMF와 '결혼은 미친 짓이다' 125 | 저출생 2세대의 등장 131 | 점점 늦게 어른이 되는 사람들 135

제3부
앞으로의 세계를 재구성하다

1. 내 가족은 내가 선택하는 것 : 가족

아이를 낳아도 인생이 망가지지 않을 것 142 | 정상 가족의 신화를 해체하라 147 | 발목 잡는 가족 내 성별 불평등 153 | 개인의 삶이 행복한 것이 우선 159

2. 가족친화적, 여성친화적 일터 : 직장

모두를 위한 돌봄 지원 163 | 세계 최장 육아휴직, 사용률은 최저 166 | 누구도 불이익을 받지 않을 것 168

3. 이민자의 목소리를 듣는 사회 : 이주

모든 산업에는 외국인이 있다 177 | 의성 마늘밭의 베트남 청년들 180 | 이민이 대안이 될 수 있을까 184

4. 인구 절반 시대의 병역 자원 : 병역

절반으로 줄어들 병역 자원 191 | 여성 징병제와 모병제가 대안일까 195 | 복무 기간, 다시 늘리게 될까 199

5. 교육의 소멸이 곧 지역의 소멸 : 교육

텅 빈 교실과 콩나물 교실 204 | 학교들의 '화학적 결합' 208 | 일본과 독일의 대책 210

6. 연금 고갈, 피할 수 있을까 : 연금

2060년, 연금의 현실은? 215 | 애초에 기울어진 운동장 218

제4부
대담 : 지속가능을 위한 논의

다양한 개인과 가족을 상상하고 받아들이는 사회 225

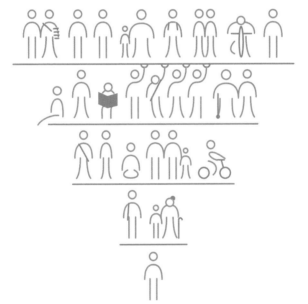

제1부

소멸은
시작되었다

쪼그라드는 대한민국

"인구 감소요? 어른들은 경쟁이 줄어 축복이라고 할지 몰라도, 젊은 세대 입장에선 재앙이죠. 돈 버는 사람은 확 줄었는데, 돈 쓰는 고령 인구만 늘고 있으니까요. 윗세대 부양하다 인생 끝나는 건 아닌지…"

고교 졸업 후 곧장 공공기관에 취업한 강지연(19) 씨는 저출생 고령화에 따른 인구 감소 위기를 또래보다 일찍 체감하고 있다. 입사 때부터 직장 선배들로부터 건강보험료와 국민연금 재정 파탄 우려를 귀에 못이 박히도록 듣다 보니, 인구 감소가 초래할 재앙적 상황이 머릿속에 입력되어 버렸다. 지연 씨는 그 얘기를 듣고 있으면 "남의 노후 책임지느라 내 노년은 막막할 것 같다"고 걱정했다.

대한민국은 1970년 한 해 100만 명의 신생아가 태어나던 나라였다. 그러다 2002년 출생아수는 49만 명으로 반토막 났다. 정확히 한 세대만에 또래 인구가 부모 세대의 절반밖에 되지 않는 집단이 출현한 것이다. 이들은 정부 출범이후 처음 등장한 '절반 세대'다. 부모 세대(1970년생 100만명)보다 정확히 반토막 줄어든 절반 세대(2002년생 49만 명)에게 '쪼그라드는 대한민국'은 디스토피아다. 한국일보가 한국리서치와 실시한 '저출생·고령화에 따른 인구 변화 인식조사'에서 절반 세대 10명 중 9명은 저출생 고령화 문제가 심각하다고 인식하고 있었다. 인구 감소가 내 삶에 부정적 영향을 미칠 것이란 답변도 70%를 넘었다.

특히 다른 것보다도 고령 인구 부양에 따른 세금 부담을 가장 크게 우려했다. 그리고 소득과 지역 격차 심화, 좋은 일자리 감소, 정치적 발언권 약화 등이 뒤를 이었다. 취재 중에 만난 절반 세대 20명과의 심층 인터뷰에서도 "내 돈(연금)을 고스란히 빼앗길 생각을 하니 박탈감이 든다", "고도 성장기에 마음껏 누려놓고, 취업도 어려운 젊은 세대에게 희생을 강요하는 것은 모순적"이라며 기성세대를 향한 신랄한 성토가 쏟아졌다.

전문가들은 인구 문제에 대한 이러한 불안감을 인구 감소 위기의 본질을 기득권을 유지하려는 기성세대와 그 힘에 떠밀려 갈수록 빈곤화·주변화 되는 청년들 간의 세대 갈등으로 해석하기도 한다. 청년이 분노하는 원인에 대해 이상림 한국보건사회연구원 연구위원은 "기성세대에 유리한 시스템은 고수하면서 무조건 아이만 낳으라고 하니 이용당한다는 생각이 들 수밖에 없다"라고도 분석했다. 항변하는 절반 세대의 생각도 다르지 않았다. 비혼·비출산을 결심한 대학생 이선주(21)씨는 "결혼과 출산을 보이콧할 수밖에 없는 근본적 원인은 살펴보지 않고 젊은 세대가 이기적이라고 비판만 해서는 위기를 극복할 수 없을 것"이라고 말했다.

취재에서 만났던 절반 세대들은 단순히 출생률을 높이겠다는 발상만으로 인구 감소를 극복하는 데 한계가 있으며 체제의 전환이 필요하다는 것을 강조했다. 다운사이징 된 대한민국 인구 규모에 맞춰, 사회 시스템을 재구조화하는 게 가장 빠르고 효과적인 저출생 대책이라는 것이다.

0.78, 합계출산율 세계 꼴찌의 나라

전남 강진군은 65세 이상 고령자가 전체 인구의 약 37%를 차지하는 인구 소멸 고위험지역이다. 강진군이 2022년 10월 한 출산지원책을 내걸자 지역 사회가 들썩였다. 자녀가 7세가 될 때까지 매달 60만 원씩 총 5,040만 원을 지원하겠다는 것이다. 지원 규모와 기간 모두 전국 최고 수준인 정책이었다. 이 소식을 들은 A씨는 출산을 앞두고 전남 강진군으로 이사하려고 마음먹었지만, 출산장려금 혜택이 너무 좋음에도 불구하고 매매할 집을 구하는 것도 힘들어 결국 전입 생각을 내려놓았다. "주말에 문 여는 소아과가 없어 차로 1시간 거리인 목포까지 가야 한다는 이야기를 듣고 고민했죠." 부족한 육아 시설과 주택 수가 발목을 잡은 것이다. 이사를 주저한 A씨 사례처럼 강진군의 파격 실험이 씁쓸하게 끝날 거라는 우려도 적지 않다. 육아 인프라를 비롯한 기반시설 구축이 없는 한 '꽃(장려금)'이 화려해도 '열매(인구 증가)'를 맺지 못할 가능성이 높다. 이것은 이미 인근 '해남의 기적'에서 확인된 사실이다.

　불과 몇 년 전까지 전남 해남군의 출산장려정책은 저출생 해결의 모범 사례로 꼽혔다. 2008년 전국에서 처음으로 출산장려팀을 만든 해남군은 2012년부터 당시 최고 수준인 출산장려금을 내걸었다. 첫째 아이를 낳으면 300만 원(기존 50만 원), 둘째 350만 원, 셋째 600만 원, 넷째 이상은 720만 원을 지급한 효과는 즉각 나타났다. 2011년 1.524명이던 합계출산율은 이듬해 2.47명으로 뛰었다. 이후 2018년까지 7년간 전국 지방자치단체 중 출산율 1위를 기록했다. 하지만 현재 성적표는 초라하다. 2022년 합계출산율 1.04명으로 1

명대마저 무너질까 걱정하는 처지가 된 것이다. 이유는 혜택을 받은 사람들이 출산장려금만 받고 정착하지 않은 경우가 많아서다. 감사원 조사 결과 2012년부터 3년간 출산장려금을 받은 가구 중 26%가 해남을 떠났다.

　이삼식 인구보건복지협회장은 "정주 여건 개선이 없는 출산장려금은 효과가 거의 없다"고 꼬집었다. 한국지방세연구원이 지난달 발표한 '지자체 출산지원 정책의 효과 분석 및 정책 시사점' 보고서가 지적하는 바도 비슷하다. 같은 100만 원이어도 출산장려금으로 주면 합계출산율 증가 효과가 0.03명으로 미미하지만, 아동 1인당 인프라 개선 예산

연도별 지방자치단체가 지급한 출산장려금 규모

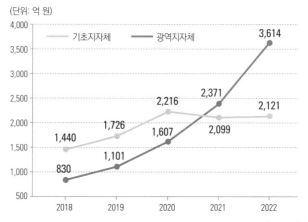

(단위: 억 원)

자료: 보건복지부

으로 쓸 경우엔 합계출산율이 0.098명까지 증가하는 것으로 나왔다. 육아 관련 시설은 해당 가구가 지역에 거주한 만큼 누릴 수 있고, 지자체 인프라 형성에도 도움이 돼 더욱 효과적이란 얘기다. 하지만 당장의 출산율 높이기에 급급한 지자체는 역주행 중이다. 위 표에서도 볼 수 있듯이 2022년 지자체가 출산지원금으로 뿌린 돈은 전체 5,735억 원에 달했고 그중 광역지자체 예산은 직전 연도보다 52.4% 상승했다.

이 같은 출혈 경쟁은 정작 예산 확대가 필요한 곳의 지원을 막고, 가뜩이나 열악한 지자체 재정을 갉아먹는다는 점에서 지속가능하지 않다는 문제가 있다. 첫째 500만 원, 둘째 1,200만 원 등 화끈한 지원으로 해남군을 제치고 2019년부터 4년 연속 합계출산율 전국 1위를 차지한 전남 영광군의 재정자립도는 12.9%다. 반면 강진군의 재정자립도는 7.8%에 불과하다.

저출생 정책과 관련한 다른 사례를 보자. 30대 후반 직장인 김승규 씨는 올해 초 둘째가 태어나자 배우자 출산휴가 10일을 사용하기로 했다. 정부가 출산 직후 아빠 육아를 확산하기 위해 2019년부터 유급 3일에서 10일로 늘린 제도다. 회사에 휴가신청서를 올리자 인사팀 연락이 왔다. 다음 달 월급이 깎일 수 있으며 기본급은 전액, 법정수당은 일한 만큼 지급한다는 공지였다. 아내가 산후조리원에 있는 동안 세

살배기 첫째를 돌봐야 해 출산휴가는 그대로 신청했다. 하지만 월급 400만 원 중 100만 원인 법정수당을 60만 원만 받는다는 인사팀 설명이 개운하진 않았다. 여름·겨울 휴가 때 5일 연차를 써도 법정수당을 모두 받았던 것을 생각하면 더욱 그렇다. 그는 "놀러 가는 것도 아닌데 월급은 오히려 휴가 때보다 줄어드는 저출생 정책이 세상에 어디 있냐"고 불만을 터뜨렸다.

한국의 저출생 정책은 2006년 1차 저출산·고령사회 기본계획을 시작으로 280조 원을 쏟았다고 한다. 어떤 나라보다 저출생 정책이 풍부하다는 평가지만 그 결과는 세계 꼴찌

출생아 100명당 부모 육아휴직자

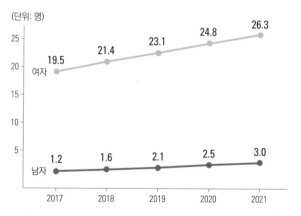

자료: 통계청

합계출산율 0.78명이다. 국회 예산정책처 의뢰로 부산경제연구소가 2023년 4월에 내놓은 '초저출산 탈피 해외사례 검토 및 국내 적용방안 연구' 보고서의 내용을 그대로 가져오자면 이러하다. "한국의 저출생 정책은 거의 모든 선진국 정책을 망라해 시행. 하지만 비효율적이고 산만한 정책 집행으로 행정력을 낭비하고 정책 실효성은 매우 낮음." 보고서 분석에 따르면 저출생 정책이 효율적으로 쓰이지 않고, 포장지만 그럴싸한 대책도 많다는 뜻으로 읽힌다. 앞서 소개한 배우자 출산휴가가 한 예다. 돈 걱정 없이 출산·육아에 전념하라는 이 제도의 취지를 현장은 100% 살리지 못하고 있다. 사측의 비용 절감 논리 앞에 막혀서다.

정책 중에는 출생율 상승과 관련 없는 '무늬만 저출생 정책'도 적지 않다. 정부가 작성한 '4차(2021~2025년) 저출산·고령사회 기본계획'(저출산 기본계획)상 2022년도 시행계획을 살펴보면, 예산 중 2022년 '근로자 휴가 지원' 사업에 책정된 예산이 110억 원이다. 이는 근로자가 휴가비 20만 원을 적립하면 기업, 정부가 10만 원씩 보태서 지원하는 제도다. 하지만 장시간 근로 해소와 휴가 지원을 통해 저출생을 완화할 수 있다는 제도의 논리는 다소 비약이 있다. 이 정책은 오히려 국내 여행을 유도하는 내수 활성화 대책에 가깝다. 이외에도 위기 청소년 사회안전망 공급(710억 원), 전자

미디어 과몰입 예방(21억 원), 청소년 방과 후 아카데미(294억 원) 등의 사업도 저출생 정책이라기엔 어색하다.

20년 가까이 시행하고 있지만 저출생 정책이 효과를 내지 못하는 이유는 무엇일까. 정부 안팎에선 책임과 권한을 갖고 저출생 정책을 끌고 나갈 조직의 부재를 꼽는다. 대통령 직속 저출산고령사회위원회(저출산위)가 있긴 하지만 현실적으로 저출생 정책 사령탑 역할을 잘 수행하지 못한다는 뜻이다.

"인구 변화에 대응하기 위해 미래를 전망·분석하며 범부처 계획을 심의합니다."

저출산위가 2005년 출범 이후 내걸고 있는 기능이다. 구체적으로 기본계획 수립 등을 통해 각 부처에 퍼져 있는 저출생 정책을 관리하고 방향 제시도 하고 있다. 하지만 있으나 마나 한 조직이란 평가가 지배적이다. 가장 큰 이유는 애초 저출산위 역할이 제한적인 탓이 크다. 농어업위원회 등 대통령 직속으로 설치된 다른 위원회가 그렇듯 저출산위 역시 책임과 권한이 흐릿하다. 일반 부처처럼 예산을 배분하고 사업을 집행할 수 있는 법적 근거가 없기 때문이다. 그렇다고 저출생 정책을 실제로 다루는 부처에 대한 저출산위의 장악력이 강하지도 않았다. 기획재정부 주도로 별도 운영된 인구위기대응 태스크포스(TF) 역시 저출산위의 낮은 위상을 그대로 보여준다. 사실상 저출산위와 역할이 겹쳤던 이 회의체는 2019년 4월 만들어져 5년 넘게 굴러갔다. 예산 편성권을 쥔 기획재정부의 인구위기대응 TF가 오히려 정책을 잘 설계한다는 얘기도 흘러나왔다.

정부도 이런 문제를 인식하면서 따로 놀았던 정책 조직을 일원화했다. 저출산위, 기재부, 보건복지부 중심으로 저출생에 대응하는 인구정책기획단이 2023년 6월 출범한 것이다. 하지만 이 조직 역시 여러 부처의 협의체 형태라 저출생 정책을 책임질 곳이 없긴 마찬가지다. 이에 저출산위를 해체하고 새로운 저출생 관련 조직을 신설해야 한다는 목소리가 커지고 있다. 한국보다 먼저 저출생을 겪은 일본 정부가 2023년 4월 발족시킨 '어린이 가정청'이 참고할 만한 모델이다. 어린이 가정청은 한국처럼 각 부처에 흩어져 있던 아동 관련 정책을 모두 흡수했다. 어린이 가정청 설립 전후로 일본 정부는 공격적인 저출생 정책을 내놓고 있다. 남성 육아휴직 비율을 2021년 14%에서 2030년 85%까지 끌어올린다는 구상이 대표적이다.

서울을 떠나면 살 수 있을까

"좋아서 하는 일들이지만, 사실 N잡러가 될 수밖에 없는 환경이에요.”

전북 장수에서 만난 박하영(26)씨는 장수군의 ‘하이디’로 불린다. 샌들을 신고도 오르막 산길을 척척 오르고, 트럭에서 모종판을 내리는 모습도 한두 번 해본 솜씨가 아니다. 반려견인 보더콜리 하늘이를 데리고 뒷산에서 염소를 몰기도 한다.

서울 소재 대학을 다니던 하영 씨는 친구들이 취업준비에 몰두하던 2020년 12월, 돌연 고향인 장수로 돌아왔다. 풀한 포기 보기 어려운 원룸촌에 코로나 방역까지 더해지자, 서울은 자연과 동물을 사랑하는 자신이 살기엔 적합하지 않은 도시라는 판단이 섰다. 그 이후 고향에 자리를 잡고 4년째 N잡러로 살고 있다. 지자체 청년사업 예산을 받아 ‘시무골 예술제’, 장수러닝크루가 주최한 스포츠대회인 ‘장수 트레일 레이스’ 등 지역 행사를 기획했고, 농사를 짓고 염소농장 일을 도왔다. 글을 쓰고 강연도 나간다. 하영 씨는 일곱 가지 일을 한꺼번에 한 적도 있고, 월 수입은 300만 원이 넘을 때도 있지만, 100만 원이 채 되지 않을 때도 있다고 했다. 현재는 장수의 첫 서점이 될 북카페를 열 준비로 들떠 있다.

귀향한 뒤 서울이 그리웠던 적은 한번도 없었지만, N잡러로 살다 보니 그간 이해하지 못했던 친구들의 ‘서울 타령’에는 어느 정도 공감하게 됐다. “왜 서울에 미쳤을까 했는데,

장수에는 번듯한 정규직 일자리가 군청 공무원뿐이에요. 저야 사무직으로 일할 생각이 없고 여기에 기반이 있으니 그럭저럭 먹고 살지만, 다른 친구들이 오면 저처럼 살 수 있을까요? 친구들도 어쩔 수 없이 서울에 살고 있는 거라고 생각해요. 일자리가 거기에 있으니까요."

5,000만 인구의 절반이 수도권에 사는 대한민국. 그렇다면 지금 세대의 젊은이들도 대부분 서울 거주를 희망할까. '저출생·고령화에 따른 인구 변화 인식조사'에 따르면 절반세대 47.2%는 지방에 거주하길 원하거나 거주지가 어디든 상관없다고 답했다. 특히 지방 출신(63.78%)은 수도권 출신(31.2%)보다 지방 거주에 대한 거부감이 적었다.

지방에서 올라와 서울 소재 대학에 입학한 젊은이들은 높은 집값과 인구 밀도, 경쟁 스트레스를 서울을 기피하는 이유로 꼽았다. 대학을 졸업하고 고향 창원으로 돌아가길 희망하는 송우현(21)씨는 "서울엔 사람이 너무 많다. 혼잡한 지하철을 보면 이태원 참사 같은 게 날까 걱정이 되기도 한다"고 말했다. 경남 마산 출신의 윤은채(21)씨 역시 자녀에게 서울의 입시경쟁 스트레스를 주고 싶지 않다며 "아이를 낳는다면 무조건 지방에서 살 것"이라고 단언했다.

심지어 연봉을 더 준다고 해도 수도권에 살고 싶지 않다는 목소리도 있었다. 경남에서 공무원이 되길 희망하는 박

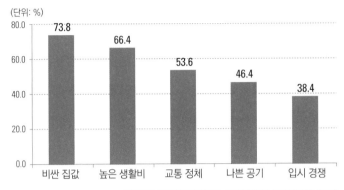

절반 세대가 꼽은 수도권 삶의 단점(복수응답)

(단위: %)

- 비싼 집값: 73.8
- 높은 생활비: 66.4
- 교통 정체: 53.6
- 나쁜 공기: 46.4
- 입시 경쟁: 38.4

한국일보, 한국리서치 '저출생·고령화에 따른 인구 변화 인식조사'

태현(23)씨는 돈을 조금 더 번다고 서울에 갈 것 같진 않다며 "어차피 서울 집값은 근로소득으로는 살 수 없는 수준 아니냐"고 말했다.

　이처럼 지방에 살고 싶은 청년들이 적지 않은데도, 수도권 과밀 문제가 해소되지 않는 이유는 일자리 때문이다. 원하는 일자리가 수도권에 몰려 있어 선택의 여지가 없는 것이다. 양승훈 경남대 사회학과 교수는 "예를 들어 마케팅 일을 하고 싶어도, 지방에는 관련 업체도 없고, 있다고 해도 경쟁력이 떨어진다"며 일을 하려면 서울로 갈 수밖에 없는 상황이라고 설명했다. 사람이 많은 것도 싫고, 문화생활에도 큰 관심이 없어 고향으로 돌아가고 싶다는 청년들도 여기에

"일자리만 구할 수 있다면"이라는 단서를 달았다.

이처럼 청년들의 지방 정착을 유도하려면 인프라 구축이 필수적이다. 수도권으로 직장을 옮긴 최연수(22)씨는 "강원도에서 근무할 때는 뮤지컬 관람도 못 했고, 주변에 필라테스 학원도 없었다"며 인프라 수준이 떨어지는 것은 서울에서 생활하다가 옮긴 사람들에게 견디기 쉽지 않다고 설명했다. 고향인 대전에서 일자리를 구한 이예진(27)씨는 지방이 싫다는 수도권 사람들의 심정도 이해는 간다며 "나도 충남의 다른 중소도시에서 살라고 하면 자신이 없다"고 토로했다.

군부대가 사라지고 있다

천우사엔 '군인백화점'이라는 간판이 걸려 있다. 작은 가게 안에 군인들이 필요로 하는 거의 모든 물품을 빽빽하게 갖췄다. 군모, 계급장, 명찰, 견장, 마크, 군화, 더플백(속칭 따블백), 각종 방한용품 등. 총만 빼면 없는 게 없는 그야말로 백화점이다. 가게 한 편엔 '이기자 부대' 마크 수십 개가 주렁주렁 매달려 있다. 칠각형 방패에 아무런 상징물도 없이 '이기자' 세 글자만 새겨진 바로 그 빨간 마크다. 이기자 마크를 물끄러미 바라보고 있으니, 이내 천우사 사장 김기주(62)씨가 말을 건넨다. "그거 돈 안 받을게요. 그냥 가져가도 괜찮아요."

강원 화천군 사내면 사창리 터미널 옆에 자리 잡은 군장점(軍裝店) 천우사. 김 씨에게 이기자 부대 용품은 이젠 '팔 수도 없는 물건'이다. 2022년 11월 이기자라는 별칭으로 잘 알려진 육군 제27보병사단이 해체되며 역사 속으로 사라진 이후, 천우사엔 손님이 뚝 끊겼다. 매출은 4분의 1로 급감했다고 한다.

서울(동서울터미널)과 시외버스로 직결되는 사창리. 바깥세상이 그리운 병사들이 '사스베가스'라는 별명을 붙인 그곳. 그러나 이제 사스베가스 중심가와 터미널은 사람의 흔적을 찾기 어려울 정도로 한산하다. 편의점과 버스 매표소를 함께 운영하는 김 씨는 "부대가 떠나며 휴가로 오가는 병사들이 사라져 매표 수입이 절반으로 줄었다"며 하소연했다. 실제 사창리에서 동서울터미널로 가는 버스는 2020년 12대에서 지금은 7대로 운행편이 대폭 줄었다.

지금은 그런 상황이지만 한창 때 사내면에만 여섯 곳의 군장점이 영업했다고 한다. 그러나 지금 남은 곳은 김 씨네를 포함해 겨우 세 곳이다. 가족과 함께 운영하던 편의점, 군장점, 매표소 업무는 손님이 줄면서 이제 김 씨 혼자 일을 해도 시간이 남는다. "장사를 접고 싶은 마음은 굴뚝같아요."

하지만 군용품 특성상 물건을 처분하기가 어렵다. 대안이 안 보이는 현실에 김 씨는 매일 쉬는 날 없이 꼭두새벽에 나와 저녁 늦게까지 가게를 지킨다.

"주말에 배달 주문 한 건도 없는 날이 부지기수예요." 이 기자 부대 인근 중식당 사장 황승철 씨의 말이다. 주둔지 특수를 누렸던 전방 지역 상권은 잇따른 군부대 해체로 소멸해가는 중이다. 특히 국방부가 2018년 내놓은 국방개혁 2.0 이후 결정타를 맞았다. 상비병력 60만 명을 2022년까지 50만 명으로 단계적으로 감축하는 것이 국방개혁의 주 내용이다. 1953년 창설된 정예부대 27사단도 병역자원 감소 충격을 피하지 못하고 문을 닫았다. 지역 주민들은 반발했지만, 부대를 채울 병사들이 부족한지라 정부도 어쩔 도리가 없었다.

사내면 전체 인구(약 5,800명)의 절반이 넘는 병력이 떠나면서, 이곳 지역 상권은 업종을 가리지 않고 몰락하는 중이다. 주말을 앞둔 금요일이었음에도 거리엔 사람들이 없었고 터미널 인근 택시승강장엔 택시 한 대만 하염없이 손님을 기다리고 있었다. 사내면에서 28년을 택시기사로 일한 유종우 (54) 씨의 "부대 해체 이후로 택시론 수입이 안 돼 (부업으로) 막노동을 다닌다"는 말에서 현재 상황을 짐작할 수 있었다.

뿐만 아니라 시내 전체에 있는 장병들이 많이 찾았던 업종들은 타격이 특히 크다. 주말엔 예약 손님으로 가득 차던

한 PC방은 현재 손님이 20%로 줄었다. 20년 넘게 PC방을 운영한 이모 씨는 "주말 아르바이트생을 5명씩 쓰다 지금은 1명으로 줄였다"며 전기요금도 못 건지니 밤에는 문을 닫는다고 고충을 토로했다. 2020년 이후 화천군에서 폐업한 PC방만 12곳이다. 외출·외박·수료식 수혜를 입던 숙박업계도 직격탄을 맞았다. 사내면에서 펜션을 운영하는 정수영 사내면 번영회장은 예전엔 군인들로 주말마다 방이 꽉 찼는데 요샌 한 달에 10건도 안 나가 유지비도 못 번다고 털어놓았다. 그러나 이 불황을 타개할 방법이 현재로선 없다. 한국외식업중앙회 화천군지부장을 겸하는 황 씨도 장병들이 없으니 매출이 반토막이라고 했다. 결국 그는 20년 넘게 장사해 온 정든 이곳을 접고 읍내 쪽으로 가게를 옮길까 생각 중이라고 했다.

부대 해체로 시작된 지역 경기 침체는 지역 공동체 소멸로까지 이어지고 있다. 2023년 5월 기준 화천군 인구는 2만 3,174명으로 27사단 해체가 본격화된 2019년 9월 말보다 1,506명이 줄었다. 이 중 사내면은 6,469명에서 5,837명으로 줄며 감소율(9.8%)이 10%에 육박했다. 통계청 자료를 봐도 화천군은 2022년 전국 228개 시군구 중에서 인구 순유출률 2위다. 뿐만 아니라 유소년 인구 감소도 두드러졌다. 사내면 초등학생 상당수가 군인 자녀였는데, 부대가 해체되면서 전학을 간 것으로 파악된다. 사내초등학교 전교생은 2022년 4월 223명이었으나 지금은 201명이다. 올해 2023년 입학생과 졸업생 수가 비슷했던 점을 고려하면 전학으로만 전체 학생의 10%가 나간 것이다.

이런 일은 화천에서만 벌어지는 게 아니다. 동해안 지역 방위를 책임진 강원 양양군 8군단도 역사 속으로 사라졌다. 8군단은 2023년 5월 임무 해제와 함께 예하 부대를 3군단에 넘기며 2023년 6월 말 공식 해체되었다. 군은 전체 군단 수를 8개에서 6개로, 사단을 39개에서 33개로 축소하는 국방 개혁에 착수한 상태다. 8군단 본부가 위치한 양양은 화천만큼 군부대 의존도가 높진 않지만, 지역 경제 활성화에 꽤나 어려움을 겪을 것으로 보인다. 양양시장에서 식당을 운영하는 김정숙 씨는 "임무 해제 전엔 그래도 하루에 군인들이 서너 팀 꾸준히 오셨는데 지금은 전혀 안 보인다"고 말했다.

주민들은 부대 해체로 인한 안보 공백이 있을까봐 걱정하기도 한다. 지방자치단체도 걱정은 많지만 당장 어찌할 도리가 없는 상황이다.

건국 이래 처음 등장한 절반 세대

1970년 이 땅엔 100만 6,645명의 새 생명이 태어났다.

통계 집계 이래 1년 출생아가 100만 명을 넘은 첫 해였다. 이 듬해도 100만 명이 넘었다. 그 결과 1970년대 말과 80년대 국민학교는 콩나물 시루였다. 한 반 학생이 70명 넘는 곳이 허다했고, 학교 교실이 부족해 오전·오후반으로 나뉘어 학교를 다녔다. 당시 1970년생이 고3때 치른 1989학년도 학력고사에는 무려 110만 명(재수생 포함)이 응시했다.

그랬던 출생아가 절반으로 꺾인 해가 바로 2002년이다. 이 해 태어난 아이들은 49만 6,911명. 그 2002년생이 고3이었던 2021학년도 수학능력시험 응시자는 49만 3,434명으로, 수능 사상 최초로 50만 명 아래를 기록했다.

그래서 2002년생은 건국 이래 처음 등장한 '절반 세대'다. 2023년 지금 만으로 스무 살이나 스물 한 살이 되었을 이 절반 세대가 주로 활동하는 대학가에선 이미 학생 부족 현상이 시작됐고, 남학생들이 휴학을 하고 가야 할 군대에선 부대 통폐합 작업이 이어지는 중이다.

왜 하필 2002년이었을까. 인구 전문가들은 1980·90년대 등락을 반복하던 출생아 수가 2000년대 초 급감한 건 국제통화기금(IMF) 구제금융 영향이 있었을 것이라고 분석한다. 1997년 외환위기로 대량 실직 사태가 발생하며, 결혼과 출산을 미루는 현상이 보편화했다는 것이다. 이상림 한국보건사회연구원 연구위원은 "IMF 사태가 출산에 영향을 준 것

1975년 7월 30일자 한국일보 사회면. 초등학교(당시 국민학교)의
과밀화와 오전 오후반 문제를 다룬 기사다. 교실과 복도에 아이들이 빼곡하다.

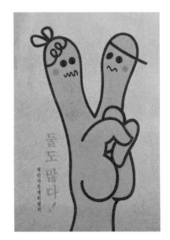

1980년대 가족계획 표어.
하나만 낳아서 잘 기르는 게
당시의 시대정신이었다.

한국일보 자료사진

이 가시화된 시점이 바로 2002년"이라고 지적한다. 인구 감소로 세상이 달라지고 있다는 것을 보여준 해인 것이다.

지금 한국의 인구 상황은 1970년, 2002년에 이은 세 번째 변곡점을 지나고 있다. 2017년(35만 7,771명) 처음 40만 명 아래로 내려온 출생아 수는 속절없이 수직낙하하며, 2022년 24만 9,000명으로 기어이 25만 명 아래로 무너졌다. 2002년의 절반으로 감소하며, 불과 20년 만에 두 번째 절반 세대가 출현한 것이다.

절반 세대의 충격파는 이들의 생애주기를 따라 쭉 이어질 것이 분명하다. 이들이 취업하고, 결혼을 고려하고, 가족 계획을 하고, 부동산을 구입하고, 자녀 교육에 돈을 투자하며, 부모를 봉양하고, 은퇴를 결정하게 되는 모든 생애주기에서, 대한민국은 100만이 떠받치던 인프라를 50만에게 부담하도록 해야 하는 '절반 쇼크' 현상을 경험하게 될 것이다.

쇼크는 이미 현실이 됐다. 2002년생이 대학에 들어간 2021년 지방대에선 대량 미달 사태가 벌어졌다. 최슬기 한국개발연구원(KDI) 국제정책대학원 교수는 "이들이 군대에 입대하고 직장인이 되는 3~5년 뒤 병력 부족과 구인난 등 사회적 충격이 본격화할 것"이라며 "현 인구로는 기존 사회를 운영할 수 없는 만큼 사회적 시스템을 바꿔야 하는 시대가 왔다"고 진단했다.

1970~2020년 출생아 수 및 합계출산율 추이

*합계출산율: 여성 1명이 낳을 것으로 기대되는 평균 출생아 수

자료: 통계청

　　두 번째 절반 세대(17~22년생)가 몰고 올 '제2의 물결' 또한 똑같이 반복될 것이다. 그 물결은 보육→초등교육→사교육→대학→군대→취업→결혼·출산으로 이어지며 우리 사회 인프라에 엄청난 충격파를 가져올 것이 분명하다. 전문가들은 지금이 절반 쇼크에 대비할 마지막 기회인 만큼 절반 세상에 적응할 특단의 대책이 나와야 한다고 조언한다. 조영태 서울대 인구정책연구센터장은 "80만~100만 명씩 태어난 기성세대가 만든 구조·제도·정책이 작동하는 상황에서 40만 명이 노동시장에 들어오고 결혼을 하게 된다"며 "후속 세대가 활용할 구조가 잘 작동할 수 있도록 미래에 대한 준비를 해야 할 시점"이라고 강조했다.

조금 다른 삶을 살아도 행복한 사회

이러한 상황에서 우리는 절반 세대가 마주할 현재와 이들의 심층 조사를 위해 실제 2-30대를 만나보았다. 실제로 절반 세대는 외국인 이민 문호를 넓히는데 윗세대보다 열린 마음을 드러냈고, 남녀를 불문하고 성평등 인식도 확고했다. 무한 경쟁의 온상인 수도권을 벗어나 살고 싶다는 의지가 높았고, 승자독식 구조의 입시 서열화를 타파해야 한다는 목소리도 강했다. 다음 세대가 높이고 있는 이러한 목소리들은 절반 세대가 행복한 대한민국을 만들기 위해 필요한 4가지 키워드인 다양성 존중, 차별 해소, 과밀 해소, 경쟁 완화와도 연결된다.

"남들과 조금 다른 삶을 살아도 행복할 수 있다면, 대한민국도 아이를 낳을 수 있는 '살 만한 사회'가 되지 않을까요?" 스물한 살 이선주 씨는 말했다. 절반 세대는 한국 사회가 기존의 낡은 틀을 뜯어고치지 못한다면, 행복도 미래도 없다고 단언한다. 그들의 다급한 외침에 대한민국은 '격차와 차별 없이, 각자의 다양한 삶이 있는 그대로 존중되는 삶'을 꿈꿀 수 있도록 해야 한다. 여기에 대한민국의 미래가 달려 있다.

제2부

그들 앞에 펼쳐진 세계

1

누구라도 사는 게
낫지 않나요?

두 대학 이야기

지방 소재 A대학 3학년 김주현(25) 씨는 얼굴에 근심을 감추지 못했다. 그의 요즘 바람은 단 하나. '학교가 폐교되지 않는 것'이다. 주현 씨는 경찰관이 되고자 원래 학교를 자퇴하고 A대학 21학번으로 입학했다. A대학엔 경찰학과가 있기 때문이다. 그런데 그가 입학한 뒤 학교는 눈에 띄게 쇠락해 갔다. 2021년 109명이던 새내기가 1년 뒤 2022년에 60명이 되더니, 2023년 신입생은 33명으로 급감했다.

급기야 학교가 문 닫을 수 있다는 얘기까지 나왔고, 학생들은 동요하는 중이다. 만약 폐교된다면 교육부 특별편입

(폐교 학생들을 주변 대학에 편입학 시키는 절차) 조치에 따라 다른 학교로 갈 순 있지만, 경찰학과로 간다는 보장이 없다. 주현 씨는 "주변 대학엔 우리 과와 비슷한 학과가 없다"며 "여기서 안전하게 졸업하고 싶은 마음뿐"이라며 불안을 감추지 못했다.

절반 세대가 맞이할 절반 쇼크는 이들이 성인이 되고 나서 처음으로 속하게 된 공동체인 대학에서 가장 먼저 찾아왔다. 2002년생이 입시를 치른 2021학년도는 사상 처음으로 고3 재학생 수(44만5,479명)가 수시모집 정원(44만6,860명)보다 적은 해였다. 이런 상황이 되자 지방대부터 소멸의 길을 걷고 있다. 2020년 지방대(교대·산업대·사이버대 제외) 신입생 충원율 평균은 94.42%였는데, 절반 세대가 입학한 2021년엔 87.3%로 수직 추락했다.

폐교 얘기가 나오는 A대학 학생들은 일상생활에서부터 불편을 겪고 있다. 우선 학생식당은 적자 탓에 문을 닫았다. 주현 씨는 "점심을 먹으려면 차를 타고 10분 정도 나가거나, 학생들끼리 모여 배달 음식을 시키는 수밖에 없다"고 말했다. 저렴한 학생 식당의 혜택을 누릴 기회를 빼앗긴 것이다. 게다가 캠퍼스엔 간단하게 끼니를 때울 편의점이나 카페도 없다. 뿐만 아니라 교직원 임금체불 문제도 심각하다. 이 대학 감사보고서에 따르면 학교가 교직원에게 지불해야 할 체불임금만 122억 원이다.

A대학처럼 학생 수 부족에 시달리는 지방대 사례는 전국 어디서든 쉽게 찾아볼 수 있다. 대학은 어떻게든 학생을 유치하려고 자격증과 공무원 시험에 유리한 전공 위주로 학과를 재편하게 된다. 이런 상황에서 기초학문 연구를 입에 올리는 건 일종의 사치다. 이렇게 공무원 사관학교, 자격증 아카데미로 변신해도 버티지 못한다면, 결국 문을 닫는 수순으로 간다. 학교가 문을 닫으면 학생들은 인근 대학으로 편입하고, 교직원들은 일자리를 잃고 뿔뿔이 흩어진다. 학교법인이 파산해 2023년 2월 문을 닫은 한려대의 한 전임교수는 다시 비정규직 교원 신세가 됐다. 광주의 한 학교에서 시간강사로 일하고 있다는 그는 "여기서도 언제 잘릴지 모르고, 수입은 기존의 3분의 1도 채 되지 않는다"고 말하며 허탈해했다.

소멸하는 대학의 유학생 지푸라기

우울한 표정의 학생과 교직원, 여기저기 자물쇠가 잠긴 건물, 관리가 이뤄지지 않아 웃자란 잡초 덤불, 점포가 하나둘 문을 닫는 쇠락한 상권. 취재 중에 찾아간 위기의 지방대에서 발견할 수 있었던 공통적인 모습이다.

그러나 얼마전 방문한 강원 고성군 B대학 캠퍼스는 확연히 달랐다. 이곳은 구석구석 활기가 넘치는 청춘의 공간이었다. 건물 한 쪽에 마련된 피트니스 센터에선 학생들이 음악을 들으며 웨이트 트레이닝에 몰두해 있었고, 야외 운동장에선 배구·축구·농구 경기가 한창이었다. 캠퍼스는 학생들의 유쾌한 웃음과 흥겨운 대화 소리로 가득 찼다. 이곳 저곳 캠퍼스 커플들도 눈에 띄었다. 속초보다 북쪽, 휴전선에서 멀지 않은 강원도 외진 곳에 자리 잡은 이 학교는, 학생이 넘치는 서울의 활기찬 여느 대학의 모습과 다를 바 없었다. 단하나, 여기서 산책하고 운동하며 청춘사업을 하는 모든 학생들이 외국인 유학생이라는 점만 빼면.

이곳은 B대학이 외국인 전용으로 설치한 글로벌 캠퍼스다. B대학은 2015년부터 '글로벌 확장'을 시도하며 외국인 학생을 대대적으로 모집했다고 한다. 국내 학생의 선호도가 높은 수도권에 새 캠퍼스를 짓고, 기존 학과 대부분을 순차적으로 이전시켰다. 대신 고성엔 모든 강의를 영어로 수업하는 국제학부만 남겼다. 한국 학생은 떠나고, 고성 캠퍼스는 유학생 전용 공간으로 변신했다. 2022년 기준 이 학교에 다니는 유학생은 417명. 학교 캠퍼스엔 항상 만국기가 걸려 있고, 수업 전엔 수강생 모국의 국가(國歌)를 번갈아 틀어줄 정도로 학교는 유학생의 적응을 위해 나름 노력 중이다.

국내 외국인 유학생 수

자료: 법무부 출입국·외국인정책본부
단위: 명

206,746
(2023년 4월)

153,361
(2020년)

115,927
(2016년)

88,468
(2011년)

71,531
(2008년)

14,131
(2004년)

3,762
(2000년)

1,821
(1996년)

982
(1992년)

813
(1986년)

368
(1984년)

1970~2022년 출생아 수

자료: 통계청
단위: 명

1,006,645
(1970년)

922,823
(1974년)

848,312
(1982년)

750,728
(1978년)

721,185
(1970년)

649,738
(1990년)

641,594
(1998년)

636,019
(1986년)

496,911
(2002년)

470,171
(2010년)

451,759
(2006년)

435,435
(2014년)

326,822
(2018년)

249,000
(2022년)

대학들이 이렇게 발버둥을 치는 이유는 살기 위해서다. 2021년부터 대학에 입학하기 시작한 절반 세대의 쇼크 이후, 외국인 유학생 유치는 B대학과 같은 지방 소재 대학들이 마지막으로 잡아볼 수 있는 지푸라기다. 국내에서 공부하는 외국인 유학생은 2023년 2월 사상 처음으로 20만 명을 넘었다. 10년 전(8만 1,847명)의 2.5배이고, 코로나 직전인 2019년(18만 131명)보다도 늘었다.

"여기 고성엔 네팔 사람들 많이 살아요. 재한 네팔인협회 회장 후보가 여기서 선거운동을 할 정도였다니까요." B대학 앞에서 식당을 운영하는 네팔인 어속 씨가 말했다. B대학 앞 골목은 '작은 이태원'이라고 해도 손색이 없을 정도다. 학교 정문 근처에 가까워질수록 자극적인 향신료 냄새가 코를 스친다. 아시안 마트 겸 식당이 4개 모여 있는데, 네팔과 인도 음식을 판다. 학교 앞 편의점에서 일하는 아르바이트생도 외국인이고, 구인 공고나 각종 게시물은 영어로 써 있다. 캠퍼스 안으로 들어가면 오히려 한국인이 이방인이다.

통계로 봐도 B대학 유학생이 지역 사회에 기여하는 정도를 짐작할 수 있다. 이 학교가 속한 면(面)의 2022년 기준 인구는 8,603명인데, 그 중 11.4%인 984명이 외국인이다. 유학생의 주류는 네팔과 방글라데시인들. 방글라데시에서 태어나 한국으로 귀화한 라힙 씨는 경기 포천시에서 할랄 마트(이슬람 율법상 먹을 수 있는 음식을 파는 가게)를 하던 중 유독 강원 고성군에서 택배 주문이 쏟아져 들어온 점을 이상하게 여겼다. 그래서 찾아왔더니 여기서 이런 외국인 커뮤니티를 발견했다. 그는 2019년 B대학 앞에도 가게 하나를 더 냈다.

"사람이 아예 없는 것보단 누구라도 여기 사는 게 낫지 않나요? 여기 사람들 대부분 그렇게 생각해요." 외국인 학생들에 대한 속초 시민들의 생각이다. 유학생들에게 희망을 거는 건 대학이나 인근 상권뿐만이 아니다. 고성군과 인근 속초시의 식당, 젓갈공장, 오징어 건조 공장 등 소규모 사업장들은 유학생들의 노동력이 없으면 제대로 돌아가지 않을 지경이다. 고성군의회의 김진 의원은 "아르바이트 유학생들이 없으면 지역 경제에 어마어마한 타격이 올 것"이라며 "한국 학생이 사라져서 아쉽지만, 유학생들이 와서 도움을 주고 있는 게 사실"이라고 말했다.

유학생 비자(D-2)를 가진 학생들은 학교 허가를 받아 주중 20시간, 주말과 방학에는 근로시간 제한 없이 일할 수 있다. 원칙적으로 식당 서빙이나 통역, 사무보조 등 단순 업무에만 취업할 수 있지만, 한국어능력시험(TOPIK·토픽) 4급 이상인 경우 예외적으로 제조업체에서 일할 수 있다.

누군가에게는 기회의 나라

속초시 대포농공단지 명란공장에선 10명 남짓한 직원들이 명란을 잘라 무게를 측정하고, 소분 포장해 박스에 담는 작업을 하고 있었다. 이 중 저울 앞에 앉은 나이 지긋한 여성 외엔 모두 아시아, 아프리카에서 온 외국인이었다. 업체 관계자는 "외국인 노동자 15명 중 10명이 B대학 학생"이라고 말했다. 정식으로 외국인 노동자를 고용하기 위해선 비전문취업(E-9) 비자로 사람을 데려와야 하지만, 외국인 노동자가 거주할 기숙사를 따로 마련해야 하는 등 부담이 많아 농공단지에선 대부분 B대학을 통해 인력을 쓰는 중이다.

식당들도 사정은 마찬가지다. 속초시 한 생선구이 식당

관계자는 "안에서 서빙하고 생선을 구워주는 직원들은 거의 다 B대학 학생이라고 보면 된다"며 "이 친구들 없으면 속초에 공장이고 식당이고 닭강정집이고 다 문 닫아야 할 판"이라고 말했다. 이 식당은 여름 성수기에 25명의 직원이 근무하는데, 그 중 10명은 B대학 학생이다. 말도 잘 안 통하는 외국인을 쓰는 이유는 한국 청년은 구할래야 구할 수도 없기 때문이었다. 식당 관계자는 7년 전쯤엔 속초에도 대학이 있어 젊은 친구들이 아르바이트를 하러 왔지만, 지금은 찾아볼 수도 없다고 말한다. "솔직히 다른 집 자식은 서울에 가서 회사 다니는 상황에서, 자기 자식은 속초에서 식당 일을 하라고 하겠느냐"고 말하며 씁쓸해했다.

"탄자니아는 아직 발전하고 있는 나라니까, 한국에 오면 더 많은 기회가 있을 거라고 생각했어요."

속초시 명란공장에서 만난 탄자니아 출신 스물세 살의 캐서린 씨는 밝게 웃으며 이렇게 말했다. 그는 탄자니아에서 경영학을 전공하다, 2학년 때 자퇴하고 2022년 9월 B대학으로 유학 왔다. B대학 유학생 대부분은 남아시아나 아프리카의 개발도상국 출신이다. 이들은 한국을 '기회의 나라'로 여기고 있었다. 탄자니아의 이웃나라 부룬디 출신인 열아홉 살 엘라 씨는 고등학교를 졸업하자마자 이곳에 왔다. 엘라 씨는 한국에 가게 됐다고 하자 부모님이 뛸 듯이 기뻐했다고 회상

했다. 네팔에서도 한국은 해외 취업지로 인기가 높다고 한다. 미국, 캐나다, 호주 다음으로 네팔 학생들이 선호하는 국가가 바로 한국이다.

일하면서 돈도 벌고 학위도 딸 수 있다는 점은 개발도상국 학생에게 큰 장점이다. 캐서린 씨는 "한 달에 많이 일하면 150만 원을 버는데, 그 중 30만 원을 탄자니아 가족에게 보낸다"며 정규직도 150만 원을 벌기 힘든 탄자니아에선 (내 송금이) 가족들에게 큰 도움이 된다고 자랑스러워했다. 또 다른 경우인 네팔에서 온 스물다섯 살 실루 씨는 '친구 따라 강원 간' 경우라고 한다. 그는 "먼저 B대학에 왔던 친구가 이곳에 오면 돈도 벌면서 학위를 딸 수 있다고 추천해 오게 됐다"고 말했다.

그 외 취재를 하면서 만난 유학생들은 졸업 후에도 한국에 남아 전공과 관련된 일을 하고 싶다고 말했다. 어렸을 때부터 음식과 호텔에 관심이 많아 국제호텔경영학을 선택했다는 엘라 씨는 한국 호텔이나 식당에서 일자리를 구하고 싶다고 했고, 국제경영학을 전공 중인 캐서린 씨는 경영 중에서도 금융 쪽에 관심이 많아 관련 일을 할 수 있으면 좋겠다고 희망했다.

다만 언어와 비자 문제로 이들의 한국 내 정식 취업은 쉽지 않을 것이다. 국제경영학을 공부 중인 실루 씨는 "전공을 살리려면 한국 회사에 취업해야 하는데, 가능할지 모르겠다"고 막막해했다. B대학 앞에서 네팔 식당을 운영하는 어속 씨는 "한국도 어차피 일할 사람 구하기 어렵다면 학생들이 쉽게 한국에 남는 길을 열어줬으면 좋겠다"며 "정당하게 일하고 세금도 낸다면 좋은 것 아닌가"라고 말했다.

이러한 필요성을 인지한 정부도 지방의 인력난을 고려해 2022년 7월부터 인구위기지역에서 5년을 거주하는 조건으로, 해당 지역에 취업한 학사 학위 이상 소지자에게 지역거주 비자를 발급하기로 했다. 28개 기초단체에서 시범 사업 중인데, 아직 강원도에선 선정된 지자체가 없다. 다만 B대학처럼 개별 대학이 각자 '개인기'를 통해 학생 부족 문제를 풀어가다 보면 생각하지 못한 부작용들이 이어질 수도 있다. 전문가들은 지역별·산업별 특성을 고려한 지방대 유학생 유치 정책이 필요하다고 조언한다. 이상림 보건사회연구원 연구위원은 "당장 학생이 없다고 유학생만 데려오면 결국 한국을 떠나거나 불법체류자만 양산하는 결과를 낳을 것"이라며 "해당 지역에 일손이 부족한 산업과 관련된 학과를 지방대에 개설해 유학생을 받아야 지속가능할 수 있다"고 강조했다.

절반 쇼크의 대안

"아이들을 가르치는 이유요? 외국인인 저를 보면서 한국에서도 잘 적응할 수 있다는 자신감을 가졌으면 좋겠어요."

경기 안산시 단원구의 이주민 지원시설 아주나무센터의 5~7세 반 교실. 이주민 자녀들에게 한국어를 가르치는 맨 데이비드(20) 씨가 칠판에 '좋아하는 음식을 말해 보아요'라고 적자 아이들은 김치찌개, 삼겹살, 자장면 등 한국 음식을 말하며 환하게 웃었다. 수업이 끝난 뒤 차려진 간식을 보자 "소떡소떡"을 외쳤다. 아이들의 한국어는 아직 서툴지만 한국 식문화는 익숙한 모습이었다.

2016년 어머니의 권유로 고국인 카자흐스탄을 떠나 한국에 온 데이비드 씨는 아이들의 나침반이 되려고 그들을 가르치고 있다고 말했다. 아이들이 자신을 보며 '누구나 한국 사회에 적응할 수 있다'는 희망을 심어주고 싶다는 마음이다. 실제로 그는 누구보다 부지런히 한국 생활에 적응하고 있다. 새벽 신문 배달을 시작으로, 오후에는 한국어 강사, 저녁에는 식당 일까지. '1일 3잡'을 마다하지 않는 이유는 한국에서 '카페 사장님'이 되고 싶기 때문이다. 데이비드 씨는 "가족을 위해 한국에서 안정적으로 살고 싶고, 동생이 대학에 진학할 때까지 뒷바라지를 해 주고 싶다"고 말했다.

데이비드 씨 같은 외국인들은 한국의 절반 쇼크를 완화해 줄 대안으로 떠올랐다. 출생아 수가 2002년 50만 명 밑으로 내려간 뒤 매년 급감하면서, 외국인은 추락하는 경제성장률을 받쳐줄 존재로 자리매김했다. 통계청의 '2021년 장래인구추계를 반영한 내·외국인 인구 전망'에 따르면 생산가능인구 중 이주배경인구(귀화자+이민자 2세+외국인) 비중은 4.7%에서 2040년 8.6%로 증가할 예정이다. 이들이 한국 경제에 미칠 영향력이 점차 커질 수밖에 없는 이유다.

그러나 이를 바라보는 20대와 30대 시선은 엇갈린다. '저출생·고령화에 따른 인구 변화에 대한 인식조사'에서 2001~2004년생은 41.2%가 외국인 유입에 긍정적이라고 답한 반면, 1991~1994년생은 그 비율이 29%에 그쳤다. 성별 기준으로 보면 2001~2004년생 여성(43.6%)이 가장 긍정적이었다. 그러나 1991~1994년생 여성은 부정적 의견이 56.5%로 높았다. 젊을수록 외국인 유입에 거부감이 적은 이유는 아무래도 성장 과정에서 직·간접적으로 외국인과 접촉한 경험이 많기 때문일 것이다. 2001~2004년생인 절반 세대 20명을 심층 인터뷰한 결과, 외국인과 생활하는 게 익숙할수록 유입에 긍정적인 것을 알 수 있었다. 서울의 한 대학에 다니는 송연정(20)씨는 "외국인과 과제 준비를 함께 한

외국인 근로자 유입에 대한 20대와 30대의 입장

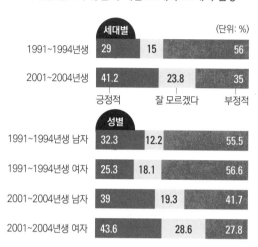

세대별 (단위: %)

	긍정적	잘 모르겠다	부정적
1991~1994년생	29	15	56
2001~2004년생	41.2	23.8	35

성별

	긍정적	잘 모르겠다	부정적
1991~1994년생 남자	32.3	12.2	55.5
1991~1994년생 여자	25.3	18.1	56.6
2001~2004년생 남자	39	19.3	41.7
2001~2004년생 여자	43.6	28.6	27.8

외국인 이민 확대에 대한 20대와 30대의 입장

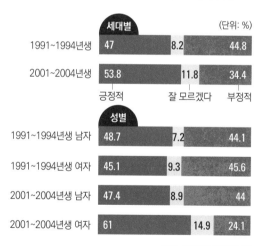

세대별 (단위: %)

	긍정적	잘 모르겠다	부정적
1991~1994년생	47	8.2	44.8
2001~2004년생	53.8	11.8	34.4

성별

	긍정적	잘 모르겠다	부정적
1991~1994년생 남자	48.7	7.2	44.1
1991~1994년생 여자	45.1	9.3	45.6
2001~2004년생 남자	47.4	8.9	44
2001~2004년생 여자	61	14.9	24.1

자료: 한국일보·한국리서치

적이 많은데, 그 나라 문화를 알게 돼 흥미로웠다"고 했고, 외국인이 많은 안산에서 자란 권형민(19)씨는 "외국인이 없었다면 공단이 문을 닫고 지역 경제가 침체됐을 텐데 오히려 고마운 존재 아니냐"고 오히려 반문했다.

하지만 이와 반대로 미래의 부담으로 보는 시각도 적지 않았다. 문화적 차이에 따른 갈등을 우려한 탓이다. 대학생 송우현(20)씨는 "한국이 유지한 문화를 건들지 않았으면 좋겠다"며 이슬람 사원 건립도 한국 정서와 맞지 않다면 다시 생각해 볼 문제라고 말했다. 또한 일각에선 외국인과 일자리 경쟁이 벌어질까 불안해하는 의견도 있었다. 서울에 사는 강지연(19)씨는 "시간이 갈수록 일자리를 뺏기는 게 남 일이 아닐 것 같다"며 "서울 명동을 외국인이 점령하면서 한국인이 소외당하지 않았냐"고 말했다. 이 같은 우려 때문에 외국인 유입은 시간을 두고 점진적으로 확대되는 게 바람직하다는 의견도 나왔다. 그러나 외국인에 대한 막연한 거부감이나 공포심을 갖는 건 경계해야 한다는 지적도 많았다. 공존할 수밖에 없는 현실을 외면한 채 반감만 키우면 갈등만 커질 수 있기 때문이다. 경남에 사는 대학생 송윤지(23)씨는 "외국인 범죄를 우려하는데, 내국인 범죄 비율이 더 높다"고 외국인에 대한 막연한 거부감을 일축했다. 송윤지 씨는 조선족 혐오 정서에 대해서도 그들을 집단으로 평가하지 말고 개인별로 따져봐야 한다고 지적했다.

취재를 하며 만나본 대부분 절반 세대는 외국인이 한국에서 가정을 꾸릴 정도로 정착할 수 있어야 내국인과의 갈등 우려가 조금씩 줄어들 것이라고 내다봤다. 여러 의견이 있었지만 영주권 문턱을 낮추고, 한국 문화에 대한 이해를 높이도록 교육을 체계화하고, 차별적인 제도를 줄여나가야 한다는 의견은 모두 같았다. 권형민 씨는 "외국인 유입 효과를 극대화하려면 이들이 안착할 수 있는 환경이 갖춰져야 한다"며 "그렇지 않으면 특정 지역이 미국의 할렘가처럼 변질될 수 있다"고 말했다. 송윤지 씨도 "외국인 노동자에 대한 임금 체불 문제가 심각한데 이를 해결하지 않으면 갈등의 불씨가 될 것"이라는 강조했다. 현재로서 무엇보다 필요한 것은 서로를 잘 이해할 수 있도록 다문화 교육이 강화돼야 하며, 한국 사회에 젖어들 수 있도록 외국인은 물론이고 한국인도 교육을 받는 것이 필요하다.

2

2038 대한민국

2038년의 어느 날 36세의 김미래는 20년 전이었던 2018년, 그러니까 고1 때 수업시간을 떠올렸다. 담임은 학생보다 더 절실히 학교가 파하길 기다렸던 괴짜였다. 진도는 뒷전이고, 수업은 개똥철학의 향연이었다. "오늘을 살라"거나 "지금을 즐겨"라는 말로 잔잔한 수험생의 마음을 흔들었다. 공부해도 소용없다는 무책임한 말도 서슴지 않았다. "모두가 피라미드의 정상에 설 수 없거든. 빨리 포기하는 게 이기는 게임일지 몰라. 힘들겠다 싶으면 너희의 행복을 찾아."

그때 시대정신이었던 욜로(YOLO)에 심취한 몇몇 아이들은 그를 인정하기도 했지만, 그저 조용히 공부만 하길 바랐던 그 시절 미래에게, 담임은 피해나 안 주면 고마운 존재였다. 미래는 엄마가 짜 둔 학원 스케줄을 꾸역꾸역 소화했다. 재수도 하지 않고 서울의 괜찮은 대학에 진학했고, 높은 경쟁률을 뚫고 유망한 중견 기업에 입사했다. 미래는 '조금만 더!'라는 말로 스스로를 다그쳤다. 길었던 수험과 취준의 터널이 끝나자, 번듯한 회사에서 고액 연봉을 받으며 삼각별 수입차를 끄는 멋진 미래가 저기 보였다.

그러나 신기루였다.

월급의 3분의 1이 원천징수 되는 월급명세서

"한국 소득세는 선진국에 비해 상대적으로 낮은 편이죠. 고령화 추세나 복지재정 수요, 탄소중립 계획을 고려할 때, OECD 평균으로 가는 소득세 인상은 피할 수 없을 겁니다. 평균적으로 지금 실효세율의 1.7배 정도가 되죠."

- 2023년 김우철 서울시립대 세무학과 교수의 예측

2038년 4월 21일. 오늘 같은 월급날 고1 담임이 떠오르는 이유는, 어쩌면 그가 했던 말이 맞을지 모른다는 생각이 들어서다. "지금을 즐겨." 그땐 막 사는 사람의 변명처럼 들렸던 그 말이, 뭔가 진리를 담고 있었다는 생각까지 들며 맥이 탁 풀린다.

2030년대 후반을 사는 직장인은 '욜로'를 꿈꿀 기회를 박탈당했다. 입사 8년 차 미래의 월급(세전)은 583만 원. 적은 월급이 아니지만, 각종 세금과 4대 보험, 기타 공제들을 제하고 나면 월급의 30%가 증발된다. 과거 직장인 급여는 '유리지갑'이라고 불렸다고 하지만, 이 시대 월급명세서는 '밑 빠진 독'이다. 미래가 입사한 이후 연봉 인상률이 1%를 넘은 적이 한 번도 없었는데, 올해부터 임금피크 적용을 받

2002년생 김미래 대리의 2038년 월급명세서

2038년 4월 급여지급 명세서
부서 1인 가구 자산유동화 대응 사업부 | **직위** 대리 | **성명** 김미래

지급내역		공제내역	
기본급	4,081,000	소득세[1]	765,799
법정수당	1,749,000	주민세	76,568
		건강보험[2]	292,645
		노인장기[3]	81,263
		국민연금[4]	414,750
		고용보험	52,470
		노조회비 등	62,497
지급총액	**5,830,000**	**공제총액**	**1,745,992**
차인지급액	**4,084,008**		

1. 소득세·주민세가 약 70% 오르는 것으로 가정(사회보장재정추계상 정부지출증가 및 김우철 서울
　시립대 교수 자문)
2. 1인당 건강보험 부담액은 41.6% 오를 것으로 전망(홍석철 저출산고령사회위원회 상임위원 발표)
3. 노인 장기요양보험료는 3.07배 오르는 것으로 가정(생산가능인구 대비 초고령인구 비율 증가 예측)
4. 국민연금 요율이 기존 9%에서 15%로 오른다고 가정(제5차 국민연금 재정추계 결과)

는 부장님 얘기로는 과거 일본에서 이렇게 급여가 수십 년 정체된 적이 있다고 했다.

　실수령액마저 확 깎인 건 2년 전, 국내총생산 대비 국가부채 비율이 100%에 근접하자 정부가 화들짝 놀라 급격한 세율 인상을 강행한 뒤부터다. 당시 여당은 과세표준별 소득세율을 올리고, 연말정산에서 소득공제를 사실상 적용하지 않는 세법개정안을 통과시켰다. 그때 어떻게든 펑크 난 재정을 땜질해 보려던 여당은 정권을 잃었다. 그러나 '증세지옥'이라는 구호를 유행시키며 정권교체에 성공한 새 정부도 슬슬 증세를 위한 군불을 떼고 있다. 얼마 전 한 여당 초선의원은 전기차에 환경부담금을 물리자는 궤변을 늘어놓다가 유튜브 쇼츠에 박제를 당했고, 한 언론에 부가가치세 인상을 검토 중이라는 '단독' 기사가 났다가 기획재정부가 부랴부랴 "결정된 바 없음"이라는 해명자료를 뿌리는 일도 있었다.

　세금이 끝이 아니다. 미래는 이번 달 건강보험료 29만 원, 노인장기요양보험료 8만 원, 국민연금 41만 원 등 79만 원을 준조세로 납부했다. 여기에 고용보험과 노조회비까지 월급에서 원천징수되고 나니, 실수령액은 고작 408만 원이다. 여기서 카드값, 월세, 공과금, 통신료 등이 더 빠져야 한다. 학생 때처럼 '조금만 더'를 다시 외치기엔 너무 힘들다.

"2023년부터 15년 간 건강보험 보장성과 의료가격의 변화가 없어도, 고령화에 따라 건보지출과 1인당 건보 부담액은 약 40% 증가할 것으로 추산됩니다. 노인 진료비 비중은 2021년 42.3%에서 2038년 64%로 증가합니다."

- 2023년 홍석철 서울대 경제학부 교수의 예측

미래가 다니는 상조서비스 회사는 꽤나 괜찮은 곳이다. 2030년 일본을 앞질러 세계 최고의 노인국가가 된 한국에서 유일하게 고성장을 구가하는 업종이 바로 '죽음 산업'이다. 2020년 처음 30만 명을 돌파한 한해 사망자 수는 2038년 현재 50만 명을 넘어섰다. 인구 감소로 모든 수요가 줄어가는 한국에서 유일하게 수요 증가세를 보이는 게 사람의 죽음이다. 2060년까지 죽는 사람 수가 늘어날 예정이라고 한다.

과거 상조업은 장례식을 돕는 단순 서비스 제공에 그쳤지만, 지금은 죽음에 따르는 법률 이슈, 상속 단계의 절세와 재산 재투자, 보험 문제, 유족 자산 설계에 이르기까지 모든 문제의 해결사를 자처하는 종합서비스 산업으로 발전했다. 그런 대형화의 선두에 섰던 곳이 바로 미래의 회사다. 군소 화장터와 상조업체 인수, 추모공원 프랜차이즈화를 통해 계속 몸집을 불려온 업계 1위다. 회사는 내년부터 허용되는 안락사 분야를 선점하기 위해 대형로펌, 대학병원과 손잡고 국

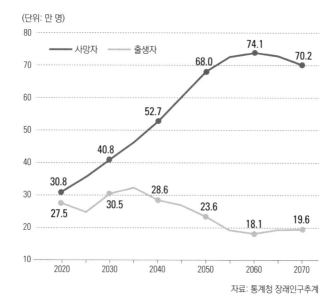

2020년 이후 출생자와 사망자 수 예측

(단위: 만 명)

사망자　　출생자

74.1

70.2

68.0

52.7

40.8

30.8

27.5　30.5　28.6　23.6　18.1　19.6

2020　2030　2040　2050　2060　2070

자료: 통계청 장래인구추계

내 최초의 안락사 시설 '웰다잉 센터'를 최근 완공했다.

　　노인인구 및 1인 가구의 증가는 가족의 약화와 함께 나타나죠. 무

연고 사망, 고독사, 주택 소유주 사망으로 인한 빈집 방치 등 사례

가 늘 겁니다. 이렇게 되면 재산권이나 친권과 관련한 복잡한 법

률 문제가 증가하겠죠. 이에 대한 구체적 전망과 법제도 정비가

필요합니다.

- 2022년 이상림 보건사회연구원 연구위원의 예측

특히 미래가 속한 '1인 가구 자산유동화 대응 사업부'는 법률과 금융 지식을 두루 갖춘 에이스들로 구성된 유망부서다. '비혼'이나 '딩크'로서의 신념을 지킨 중산층 고령 1인 가구가 증가했지만, 그들은 재산이 국가에 귀속되는 것을 원치 않았다. 미래네 사업부는 후손이 없는 이들이 자기 재산을 '현생'에서 남김 없이 소진할 수 있도록 부동산 등 자산 유동화를 돕는다. 불의의 병으로 일찍 세상을 떠나게 될 경우엔 버킷 리스트 달성이나 최고급 호스피스 옵션을 선택하는 것도 가능했다.

사실 미래도 아직 결혼하지 않은 1인 가구다. 1인 가구가 자산을 최대한 활용하도록 아이디어를 짜내는 게 그의 일이지만, 미래의 미래는 밝지 못하다. 한국에서 유일하게 부동산 가격을 지탱하고 있는 서울에 집을 마련하지 못했기 때문이다. 그래서 그의 고객들처럼 미리 유동화할 자산이 없다.

서울 생활을 접고 아버지 고향인 경북의 작은 도시에 자리 잡은 미래 부모님은 1992년 건축된 47년차 낡은 아파트에 거주한다. 재건축이 불가능해 재산으로서의 가치는 사실상 없다. 한창 때 13만 명이 넘었던 그 도시의 인구는 지금 9만 명 밑으로 떨어졌고, 시민의 절반이 65세 이상 고령자다. 단지 내 여기저기 빈 집이 늘고 이사 들어오는 사람들도 없어,

옆 아파트와 관리사무소를 통합하는 작업을 진행 중이다.

> "인구 유입이 불가능한 지역 노후 아파트들은 재건축이 어려워 그대로 방치되는 경우가 많아집니다. 특히 이들 아파트 거주자는 고령 빈곤층일 가능성이 높습니다. 그래서 주거, 빈곤, 지역 슬럼화가 연결되는 새로운 문제를 야기할 수 있습니다."
> - 2022년 이상림 보건사회연구원 연구위원의 예측

어머니는 "고향에 돌아오면 생활비를 아낄 줄 알았는데, 지방 물가가 오히려 서울보다 비싸다"고 말했다. 제주로 가는 배송비를 차별하던 인터넷 쇼핑몰은 하나둘 지방도시 배송비를 1만원(수도권 5,000원)으로 올렸고, 도시 내 주유소가 차례로 문을 닫으며 휘발유 가격도 서울보다 높아졌다. 수요가 예전만 못하니 동네마트끼리 벌이던 가격 경쟁도 사라졌다. 가로등이 꺼지거나 도로가 파여도 시청에선 "사람도, 예산도 모자란다."며 그대로 장기간 방치해 두기 일쑤다. 쓰레기를 수거해 가는 날도 2주에 한 번이라 아파트 분리수거장엔 늘 쓰레기가 넘쳐난다고 한다.

자식을 하나만 둔 부모님을 챙길 사람은 미래밖에 없다. 60만 원 용돈을 매달 꼬박꼬박 부모님께 보내드리기가 벅차지만, 저런 사정을 알면서 송금을 줄이기는 어렵다. 결국 미

래가 서울에서 허리띠를 더 졸라매는 수밖에.

한 번도 한눈 팔지 않고 학업과 회사일에 몰두했지만, 02년생 김미래가 양 어깨에 떠안은 부담은 갈수록 커져만 간다. 인간이 못 피하는 두 가지가 '죽음'과 '세금'이라 했던 가? 탄생보다 두 배 가까이 많은 죽음이 꾸준히 누적되면서, 세금은 살아남은 자의 어깨를 더 가혹한 무게로 짓누르고 있다.

미래와 그 또래들은 부모 세대처럼 콩나물시루 교실, 대입 눈치작전, 12시간 귀성전쟁을 겪으며 살진 않았다. 하지만 부모 세대 인구의 절반밖에 안 되는 미래의 또래가 지불해야 할 인프라 비용은 두 배로 가중됐다. 사람이 사라진 '널널한 세상'에 사는 비용을 톡톡히 치르고 있다.

이 장은 2002년생이 2038년(36세)에 직장인으로서 마주할 상황을 시나리오로 구성했다. 2038년의 상황을 시뮬레이션한 기준은 아래와 같다.

- 연봉 7,000만 원, 월급 583만 원의 근로자를 가정해 국세청 근로소득세 계산기, 국민연금공단 4대보험료 계산기로 세금 등을 산출한 뒤, 학계에서 거론되는 미래 부담액 전부를 세금 등 상승에 반영했다.

- 2038년 소득세 및 주민세는 1.7배 상승한 것으로 가정했다. 정부의 총 지출이 2040년 20.5%(GDP 대비)로 2020년(11.7%)보다 1.75배 늘 것이라고 본 '2018-2060 중장기 사회보장재정추계', "고령화에 따른 재정 지출로 소득 구간별 1.5~2배의 세금 인상은 불가피하다"는 김우철 서울시립대 세무학과 교수의 자문을 반영했다.

절반 세대가 온다

- 건강보험료는 41.6% 상승한 것으로 가정했다. 장래 노인인구 추계에 따라 미래 국민 1인당 건강보험 부담액을 추산한 홍석철 서울대 경제학부 교수(저출산고령사회위원회 상임위원)의 계산(건강보험공단 학술대회 발표 자료)을 참고했다.

- 노인장기요양보험료는 장래인구추계가 보여주는 '경제활동인구(15~64세) 대비 초고령인구(75세 이상)' 비율에 근거해 현재보다 3.07배 오르는 것으로 계산했다.

- 국민연금은 요율이 15%까지 오르는 것으로 가정했다. 국회 연금특위와 민간자문위 논의에서 거론되고 있는 상한선, 기금에서 돈이 안 나가는 방식(부과방식)으로 전환했을 때 2040년 부담하게 되는 요율이 모두 15%선인 것을 참고했다.

- 고용보험료는 "육아휴직 증가 등으로 상승할 것"이라는 전문가 의견이 지배적이었지만, 구체적인 추정이 어려워 반영하지 않았다.

2017년생 청년 신세계의 취업일지

이곳에 즐길 거리라곤 꽃과 풍경뿐이었다. 여기까지 올 이유가 없으니 아무도 오지 않은 것이었다.

- 올더스 헉슬리의 1932년작 『멋진 신세계』 중에서

결국 신세계는 고향 합천에 돌아왔다. 2038년 성탄절 저녁이었다. 부산 사상터미널을 출발한 직행버스는 2시간 만에 읍내에 닿았고, 어둑어둑한 군청 로터리 옆 정류소에서 손님 셋이 내렸다. 캐리어를 끈 사람은 어깨가 축 처진 세계뿐이었다.

고향 읍내 풍경은 익숙했다. 벌써 열 달 전이다. 세계가 여기서 서울 가는 버스를 탄 것이. 세계는 서울, 전주, 통영을 돌아 다시 고향으로 돌아왔다. 도시는 험했다. 세계는 태어나면서부터 인구소멸지역인 이곳[1]에서 '귀한 아이' 대접[2]을 받았지만, 외지에선 달랐다. 로봇이나 인공지능(AI)과 일자리를 다퉈야 하는[3] '무스펙 인간노동자'에 불과했다. 그걸, 여길 떠날 때는 미처 몰랐다.

　　택시를 기다리며 찬바람을 맞으니 열 달 동안 전국을 돌았던 취업 유랑에서 겪은 설움이 다시금 가슴에 사무쳤다. 세계네 집이 합천에 자리 잡은 건 아버지 때다. 아버지는 1983년 경남 통영시에서 태어났다[4]. 통영은 한때는 한국 조선산업의 중추였던 곳. 사회과부도엔 '남동연안공업지대의 중심부로, 1976년부터 1990년까지 종업원 수가 10배 이상 증가한 공업도시'[5]라고 소개될 정도로 잘 나갔다.

　　"제조업 기반 중소도시의 소멸 속도가 굉장히 높아지고 있습니다. 대표적인 곳이 통영이예요. 성장기엔 굉장히 가파르게 커졌다가 최근엔 젊은층이 급격하게 빠져나갔죠."
　　- 이상호 한국고용정보원 일자리사업평가센터장

　　그러나 조선업의 전성시대는 오래 가지 못했고, 꽤 컸던

중견 조선소에서 일하던 세계 아버지도 일자리를 잃고 2016
년 통영을 등졌다.[6] 글로벌 금융위기 이후 통영의 조선소들
은 직격탄을 맞았다.[7]통영에서만 1만 8,000여 명의 노동자
중 1만 명이 그때 실직했다고 한다.

"무조건 서울로 가자, 그냥"

그렇게 떠밀려 온 합천에서, 아버지는 세계를 낳고 길렀
다. 읍내에서 철물점을 하며 집수리를 겸하던 아버지는, 빈
집이 늘어 손님이 끊기자 2년 전부터 요양보호사 자격증을
따 돌봄 노동자로 일한다.[8]아직 50대 중반이라 일을 하기에
는 거뜬하다. 요양보호사는 합천에서 유일하게 늘고 있는 일
자리다.[9]인구의 58%가 65세 이상 고령자이기 때문이다.[10]

> "혈연 중심 관계의 균열로 개인적 차원의 돌봄 대응은 점점 어려
> 워지죠. 사회적 돌봄 노동의 확산은 향후 10년, 또는 그 이상의 기
> 간 동안 발생 가능성과 파급력 모두 높은 이슈가 될 겁니다."
> - 박성원 국회미래연구원 연구위원

올해 2월 전문대를 졸업한 세계가 고향에 남으려면 아
버지처럼 요양보호사가 되는 길밖에 없었다. 하지만 아버지
와는 다른 삶을 살고 싶었다. 아버지를 보니 일은 고되면서
급여는 박했다. 아니 속마음을 말하자면, 어렸을 때부터 노

인들만 보고 살아 온 이곳에서 또다시 어르신들과 엮이는 인생을 살고 싶지 않았기 때문이다.

그래서 졸업식 다음날 서울행 버스를 탔다. 대인관계는 자신 있던 세계는 영업이나 판매직으로 일할 의욕도 넘쳤다. 전문대 졸업자가 더 취업이 잘되는 세상이기도 했다.[11]

그렇게 도착한 서울의 2월 바람은 아직 찼다. 세계는 물가가 싸다는 관악구에서 고시원을 구했다. 신림동과 봉천동은 어르신밖에 없는 고향 읍내와 달랐다. 거리는 확실히 활기가 느껴졌고, 골목마다 식당에 사람들이 넘쳤다.[12] "그래, 이런 곳에 일자리가 있겠지." 새 둥지에 짐을 풀고는 곧바로 일자리를 찾았다. 저렇게 많은 사무실과 상점 안에 내가 차지할 자리 하나쯤 없으려고. 세계는 자신만만했다.

> "구직자가 도시로 몰리는 이유는 좋은 일자리를 얻고 큰 부를 이룰 수 있을 것이란 막연한 기대감 때문이죠. 경제학자 토다로(Todaro)의 '기대소득가설'입니다."
> - 남기찬 국토연구원 연구위원

기대는 한 달 만에 무너졌다. 괜찮은 사무직이나 금융권 취업경쟁률은 10대 1을 우습게 넘겼고, 영업·판매직도 모집인원의 5배 이상이 몰렸다.[13] 세계는 정신이 번쩍 들었다.

어디든 좋으니 면접이라도 보고 싶었다. 그러나 사람이 부족하면서 일자리는 더 부족한 2038년, 관악구 뿐 아니라 서울 어디에도 세계가 낄 만한 직장은 없었다.[14]

> "과거엔 사람이 일자리를 따라갔습니다. 앞으론 일자리가 사람을 따라갑니다. 나라의 총인구가 줄어도 정주환경이 나은 곳엔 사람이 몰리고, 일자리는 그걸 쫓아가는 현상이 누적될 겁니다. 그러니 특정지역 실업률은 계속 올라가는 겁니다."
> - 남기찬 국토연구원 연구위원

서울에 봄은 왔지만, 세계에겐 봄이 찾아오지 않았다. 이러다 남은 돈마저 다 까먹겠다고 전전긍긍하던 때, 친하게 지냈던 학교 동기에게 연락이 왔다. 전주에서 취업준비를 하고 있다는 그는 함께 거기서 구직활동을 하자고 권했다. 세계는 전주에 일자리가 있을까 미심쩍었지만 "원룸에서 함께 살자"는 동기의 말에 혹해, 고시원비를 아낄 수 있겠다며 서울을 떠나기로 했다.

'전주도 나름 도청 소재지인데, 일자리가 있겠지.' 세계는 어떻게든 될 거라 생각하고, 서울 센트럴시티 터미널로 향했다. 전주에 가니 관악구와 비교하면 주거비가 확실히 저렴했다.[15] 게다가 일자리 자체는 관악구보다는 많았

다.[16] 무엇보다 친구와 같은 곳에서 취업할 수 있다는 게 좋았다.[17]

슬슬 더위가 시작된 5월 말, 세계의 전주 생활이 시작됐다. 그러나 세계는 하나만 알고 둘은 몰랐단 사실을 이내 깨달았다. 전주는 주거비가 저렴한 곳일 뿐이었고, 취업은 서울만큼 어려웠다. 사무직 경쟁률은 5대1이 넘었고, 영업·판매직 상황도 비슷했다.[18] 전주에 나붙은 구인 공고는 관악구보다 많았지만, 세계와 같은 직종에 취업하려는 경쟁자도 구름처럼 몰렸다.[19]

그렇게 고향 합천만큼이나 더웠던 전주의 여름은 세계의 희망과 함께 훅 지나갔다.

월세방 계약 기간이 남아 전주에 남겠다는 동기를 뒤로하고, 세계는 다시 장거리 버스를 탔다. 아버지와 상의했더니 아버지는 자신의 고향인 통영을 추천했다. 예전처럼 제조업 일자리가 넘치진 않지만, '한국의 나폴리'라 불리며 관광산업이 발달했으니 서비스 쪽에서 직장을 구할 수 있을 거라고 아버지는 말했다.

그런데, 통영터미널에 내린 순간 세계는 알아차렸다. 여기도 합천과 다를 바 없는 '어르신 천국'이었다. 세계가 통영에 갔던 2038년 그곳 인구의 41%가 65세 이상 고령자였다.[20] 그러니 고용센터에 나와 있는 구인 공고는 대부분 요양원이나 복지시설이 낸 것들이었다.

자리가 있을 것 같았던 호텔이나 모텔에는 동남아시아나 남아시아에서 건너온 이민자들이 일자리를 선점했다.[21] 호텔 카운터나 레스토랑 서빙 일자리도 로봇에게 잠식된 지 오래라, 무경력자인 세계가 경쟁을 뚫어내기 어려웠다.

결국 세계는 여기서 구직 유랑을 접기로 했다. 이렇게 타지에 뿌리 내리기 어려운 시대, 어딘가에서 살아야 한다면 그나마 익숙하고 부모님 도움도 받을 수 있는 고향이 좋을 거라 생각했다. 대형서점이 있는 부산으로 갔다. 서점에서 요양보호사 자격증 교재를 산 다음, 뒤도 돌아보지 않고 사상터미널로 향했다.

떠나던 날처럼 날씨가 추웠다. 꿈처럼 지나가 버린 10개월을 잠시 떠올리는 동안, 택시가 다가와 멈춰섰다.

다시 돌아온 세계는 떠날 때 몰랐던 한 가지 진실을 깨닫고 있었다. '인구가 줄어 일할 사람이 없고 그래서 일자리도 많을 것'이란 희망적인 얘기는, 적어도 자기처럼 큰 기술을 필요로 하지 않는 일자리를 노리는 이에겐 거짓말이란 사실을. 그건 로봇이나 AI와의 경쟁에서도 버틸 수 있는 극소수 사람에게만 해당된다는 걸.

[1] 경남 합천군은 2017년부터 현재까지 '소멸고위험지역'으로 분류돼 있다. (감사원, 인구구조변화 대응실태I (지역))

[2] 2017년 합천군 출생아 수는 117명이었다.(행정안전부-통계청 자료)

[3] 골드만삭스는 2023년 3월 인공지능(AI)으로 대체될 정규직 일자리 수를 총 3억 개로 전망했다.

[4] 2017년에 첫 아이를 낳은 부모 연령대를 보면 남성은 1983~1984년생 전후, 여성은 1986~1987년 생 전후로 추정된다.(통계청 자료 추산)

[5] 교육부 고등학교 지리부도(1995), 사업체 노동실태 조사보고서(1991)

[6] 통영시의 20~39세 인구는 2008년 4만1,736명에서 2016년 3만3,197명으로 20% 줄었다. 2013~2019년 통영의 제조업 취업자 수는 38% 줄어 전국 시군구 중 감소폭이 가장 컸다. (한국고용정보원, 지역산업과 고용)

[7] 통영의 조선소 수는 1997년 17개였다. (주)SLS조선(주) 등 5대 조선소는 2000년대 경기 활황으로 수출을 주도했다. 그러나 5개 사 모두 2012~2018년 사이 역사 속으로 사라졌다. (통영시의 '통영시지')

[8] 국회미래연구원은 최근 20년 간의 글로벌 SCI급 논문DB 5만 건 이상을 활용하고, 국내 각계 전문가 70여명을 인터뷰해 2030년대 이후 발생 가능성과 파급력을 지수화(가장 낮으면 1~ 가장 높으면 10)한 '이머징 이슈' 15개를 도출했다. 이 중 사회적 돌봄 노동의 확산은 가능성 8.1, 파급력 7.5로 나타났다. (국회미래연구원, 2022년 주목할 15개 이머징 이슈)

[9] 전국의 돌봄서비스종사원 취업자는 2021년 48만 8,000명에서 연평균 5.6%씩 증가, 2031년 84만 3,000명으로 35만 5,000 명 늘어날 것으로 예측됐다. 취업자 증가 속도가 빠른 직업 20개 중 증가폭과 증가율 모두 1위로 전망됐다. 2022년 합천군의 사회복지-보건의료 등 직종 구인 건수(일자리)는 2019년 대비 증가한 것으로 확인됐다.
(한국고용정보원의 '중장기 인력수급 수정전망(2021~2031)' 및 국토연구원의 '시군구별 일자리 미스매치 원자료)

[10] 경상남도, 시군별 장래인구추계(2020-2040)

[11] 전문대 졸업자의 경제활동참가율은 2026년 80.4%로 대학 이상 학력자(80.9%)보다 낮을 것으로 전망됐으나, 2031년엔 역전되어 전문대 졸업자(80.8%)가 대졸 이상(79.7%)보다 더 활발히 경제활동에 참가할 것으로 예측

됐다. (한국고용정보원)

[12] 인구가 소멸하지 않고 있는 지역의 평균임금-중위임금 모두 소멸위험지역보다 수준이 높은 것으로 나타났다. 2023년 서울 관악구의 고령자 대비 20-39세 여성인구 비율은 약 116%로, 소멸위험은 상대적으로 낮은 편이다. (이상호 등, 지역산업과 고용 2023년 봄호)

[13] 일자리 총량과 무관하게 구직자가 원하는 종류의 일자리와 직종별 채용(구인)이 일치하지 않아 지역별로 구조적 실업이 발생하는 것이 '일자리의 공간적 미스매치'다. 쉽게 말해 동시기 A지역에선 고용주의 구인난이, B지역에선 취업준비생들의 구직난이 심각해지는 현상이다.
국토연구원은 전국 229개 시군구의 구인-구직 건수를 활용해 2019년과 2022년 발생한 공간적 일자리 미스매치를 10개 직종 별로 지수화 했다. 해당 지수의 지역 및 직종별 범위는 -5.3 ~ 2.1사이다. 마이너스일수록 일자리가 남아도는 불균형이 발생하고, 플러스일수록 일자리가 더 부족한 미스매치가 생긴다는 뜻이다.
2022년 서울 관악구는 전국 3번째의 '일자리 부족' 미스매치 지역으로 2019년(당시 전국 4위)보다 구인-구직 불일치가 더 심해졌다. 사무·금융직은 구직 건수가 구인건수(일자리)보다 10배 이상 많았고, 영업·판매직은 구직이 구인보다 5배 이상 많았다. (국토연구원, 지역노동시장의 공간적 미스매치 분석과 정책방안 연구(2020) 등)

[14] 서울의 일자리 부족 미스매치 지수는 2019년 1,242로 17개 광역지자체 중 상위 5번째였다. 2022년엔 1.875로 지수가 더 높아졌고, 순위도 2번째로 뛰어올랐다. (국토연구원)

[15] 면적 40㎡이하 오피스텔의 월세 중위가격은 지방이 37만 3,000원, 서울 관악구(서남권)는 55만 7,000 원이었다 (한국부동산원 오피스텔 규모별 월세 가격(2023년 4월))

[16] 2022년 지역별 총 구인건수 기준 전주시 3만 4,677건, 서울 관악구 8,865건. (국토연구원)

[17] 최종렬, 복학왕의 사회학 -지방청년들의 우짖는 소리(2018) 재인용

[18] 2022년 전주의 '일자리 부족' 미스매치 지수(10개업종 종합)는 2019년보다 약 3배 악화하여 전국 6위를 기록했다. 비수도권 기초지자체 중 가장 심했다. 2022년 전주의 경영·사무·금융직 구인은 4,321건, 구직은 1만 9,023

건. 영업·판매직 구인은 2,529건, 구직은 5,703건이었다. (국토연구원)

[19] 2022년 전주의 경영·사무·금융직 일자리는 서울 관악구보다 4.6배 많고, 영업·판매직은 3.7배 많았다. 전주로 몰린 해당 직종의 구직 건수도 서울 관악구보다 각각 6,400건, 2,520건 많았다. (국토연구원)

[20] 경상남도, 시군별 장래인구추계(2020-2040)

[21] 3월 말 현재 통영시에 30일 이상 체류 중인 등록외국인 총 4,151명 중 73%(3,027명)는 핵심경제활동 연령대인20~39세였다. 83%(3,431명)의 국적은 동남아시아(베트남, 인도네시아 등) 또는 남아시아 국가(스리랑카)인 것으로 확인됐다. (법무부)

3

의료·정치·부동산
디스토피아

혈액은 부족하고 수혈 고령자는 늘어가고

고령화 속도가 세계에서 가장 빠르다는 한국에서 분명히 오고야 말 필연적 미래가 바로 '피 부족' 사태다. 이상림 한국보건사회연구원 연구위원은 '인구변동에 따른 사회변화 전망 및 대응체계 연구' 보고서에서 피를 주는 청년의 숫자가 줄고 피를 받는 고령층이 늘면서, 수혈용 혈액 부족이 만성화될 것이라고 지적했다. 과연 얼마나 부족할 것이며, 언제부터 우리가 감당할 수 없는 사태가 시작되는 걸까.

이를 알아보기 위해 대한적십자사와 건강보험심사평가원으로부터 입수한 연령별 헌혈·수혈 실적(2010~2022년)

과 통계청 인구추계를 기반으로 시뮬레이션을 진행해보았다. 그 결과, 2020년 150만 건 수준이던 헌혈 건수와 수혈 건수의 격차는 2050년 535만 건까지 벌어지는 것으로 나타났다. 지금처럼 청년층 중심으로 헌혈하는 구조가 이어진다면, 2040년에는 전체 헌혈 건수(162만 건)가 80세 이상의 수혈 건수(171만 건)도 감당하지 못하게 된다.

이런 디스토피아적 예측은 인구구조 변화 탓에 가능성이 매우 높은 시나리오다. 지금 한국에서 헌혈을 주로 하는 연령대는 16~24세다. 신체가 건강하고, 복용하는 약물이 없

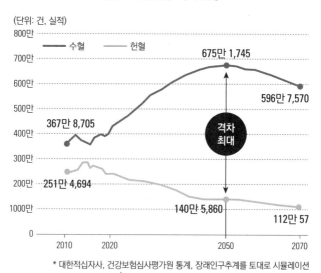

헌혈 - 수혈 건수 격차 전망

(단위: 건, 실적)

* 대한적십자사, 건강보험심사평가원 통계, 장래인구추계를 토대로 시뮬레이션

어 헌혈 제한이 없으며, 특히 학교와 군대에서 주기적으로 집단 헌혈을 하기 때문이다. 적십자사에 따르면 16~24세 헌혈이 차지하는 비율은 2014~2002년 평균 55%에 달했다.

대신 수혈을 많이 받는 연령대는 건강에 문제가 생기거나 큰 수술을 받는 65세 이상 고령층(2014~2021년 평균 50%)이다. 헌혈·수혈의 이런 연령적 특성을 고려하면, 고령자 인구가 급증하고 1970년생의 절반 이하인 2002년생 이후 절반세대가 청년층의 주류로 자리잡으면 피 부족이 심각한 사회적 문제로 대두될 것이 분명하다. 혈액의 특성상 보관 기간(적혈구제제 35일, 혈소판제제 5일, 혈장제제 1년)도 지켜야 하고, 세계보건기구의 자급자족 원칙에 의해 수입도 쉽지 않다.

헌혈을 주관하는 적십자사도 헌혈의 연령 편중이 가져올 비관적 미래를 잘 알고 있다. 적십자사는 "주요 선진국에 비해 10대와 20대 헌혈 비율이 높은 상황에서 고령사회

주요 국가별 헌혈자 비율

구분	한국 (2022)	캐나다 (2021)	프랑스 (2021)	일본 (2021)	호주 (2019)	대만 (2021)
10~20대	54%	18%	29%	18%	25%	30%
30대 이상	46%	82%	71%	82%	75%	70%

자료: 적십자

에 진입함에 따라 중장년층 헌혈 활성화를 위해 노력하고 있다"고 설명했다. 이런 노력에 힘입어 45~49세 인구의 헌혈 비율은 2010년 1.28%에서 2022년 4.95%로 4배 가까이 늘기도 했다.

그러나 이런 정도로는 인구구조의 변화라는 큰 강물의 흐름을 막기엔 턱없이 부족하다. 적십자의 헌혈 연령 다변화 정책이 가장 많이 반영된 2022년 실적을 반영해 시뮬레이션을 다시 진행했으나, 헌혈-수혈 최고 격차 시점이 2050년(최대 3.54배)에서 2053년(최대 3.41배)로 늦춰졌을 뿐, 큰 개선의 여지는 보이지 않았다.

안기종 한국환자단체연합회 대표는 지금도 희귀 혈액형이 필요하거나, 백혈병 환자 등 수혈이 많이 필요한 질환의 경우 환자 가족이 직접 피를 주고 피 줄 사람을 구하는 경우가 많다며 미래엔 피가 없어 수술실을 열지 못하거나, 매혈(賣血) 합법화할 지도 모른다고 예측했다. 그러면서 영화표 등 사은품을 통해 젊은이 중심으로 진행하는 헌혈 문화를 바꿀 필요가 있으며 수술에서 피를 아껴쓰도록 하는 규제도 필요하다고 덧붙였다.

하지만 현재로선 뾰족한 수가 없다. 적십자사 관계자는 "헌혈을 하면 휴가를 주는 헌혈공가제도 활성화, 지방자치단체 헌혈장려조례 제정 등을 통해 사회적 공감대 형성 확산에 노력하겠다"고 말했다.

어떻게 시뮬레이션을 했을까?

5세 단위로 분석된 헌혈·수혈 실적 통계를 기반으로 해당 연령대의 사람들 가운데 몇 %가 헌혈·수혈을 했는지 산출했다. 그리고 이 비율(10년 평균)을 장래인구추계(5세 단위)에 대입해 미래의 헌혈·수혈 건수를 예측했다. 시뮬레이션의 수치가 의미하는 것은 '연령대별 헌혈 비율이 지금 수준으로 유지됐을 경우 일어나는 총량의 변화'이다. 다만 이 같은 미래는 헌혈 캠페인에 따른 헌혈 연령 다양화, 비수혈 수술의 증가 등 의료 기술 발전에 따라 달라질 수 있다.

2040년, 노인을 위한 나라는 없다

2040년 4월 국회의원 선거 결과가 나왔다. 제10차 개헌(2036년)을 통해 대한민국 정체(政體)를 의원내각제로 바꾼 뒤 치른 두 번째 총선인 이번 선거에서, 거대 양당인 자유당과 민주당 모두 과반 의석 확보에 실패했다.

헝 의회(hung parliament, 과반 의석을 차지하는 정당이 없는 의회) 상황이라, 용산 총리공관을 차지하려면 양당 모두 연립정부 구성 협상에 착수해야 한다. 그러나 두 당은 각각 40%씩 의석을 가져갔을 뿐이고, 제각기 보수 진영과 진보 진영의 군소정당 및 무소속 당선자를 끌어들여도 과반 의석을 확보할 수 없다.

연정 구성이 어려워진 이유는 이번 총선에서 진보·보수로 나눌 수 없는 특이한 정당이 돌풍을 일으켰기 때문이다. 바로 33석(의석 11%)을 확보하며 단숨에 원내 제3당으로 떠오른 어르신공경당이다. 스스로를 '공경당'이라 불러달라는 이 정당의 공약은 노인의 권리를 챙기는 내용 일색이다.

　　공경당은 65세 이상 의료비 50% 감면, 임플란트 개수에 상관 없이 건강보험 적용, 2030년 폐지된 지하철 무임승차 제도 부활, 80세 이상에 자율주행 기능을 갖춘 1인용 차량 구매비용 80% 지원 등의 공약을 들고 나왔다. 비례대표 후보 전원을 이민자로 내세우며 제4당에 등극한 새조국당의 돌풍도 거셌지만, 연정 캐스팅보트를 잡는 데는 실패했다.

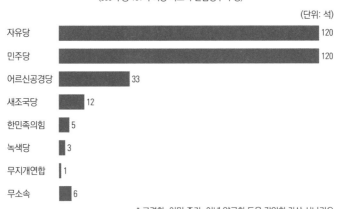

2040년 총선 결과 예상

(300석 중 151석 이상 확보시 연립정부 구성)

(단위: 석)

자유당	120
민주당	120
어르신공경당	33
새조국당	12
한민족의힘	5
녹색당	3
무지개연합	1
무소속	6

* 고령화, 이민 증가, 이념 양극화 등을 감안한 가상 시나리오

자유당은 공경당을 연정 파트너로 끌어들이기 위해 사회부총리와 복지부·보훈부 장관 자리를 제시한 것으로 알려졌다. 민주당은 공경당과의 연정 협상을 위한 사전 교섭에서 장관 두 자리 제공을 약속하는 동시, 고령자 의료비 감면안을 일부 수용한 것으로 전해졌다. 노인정당인 공경당은 꽃놀이패를 잡은 것이다.

위 내용은 고령화와 이민 증가에 따른 인구구조 변화를 예상해서 만들어 본 2040년 총선 가상 시나리오다. 최대 인구집단으로 떠오를 고령자의 정치세력화, 출생아 수 급감에 따른 청년층 감소, 노동력 부족을 벌충하기 위해 예상되는 이민 문호 개방 등에 따라, 이념·지역 중심으로 형성됐던 대한민국의 정치 지형은 급격한 지각변동을 피할 수 없을 전망이다.

일단 정책의 중심 타깃이 고령층으로 이동하고, 정치권이 최대 집단인 노인들의 표심에 휘둘리는 현상이 예상된다. 통계청 인구추계 중 출생률을 비관적으로 본 저위추계에 따르면 2040년 한국의 인구는 4,755만 명으로 감소하는 대신, 65세 이상 고령층이 35%(현재 18%)에 달하게 된다. 이렇게 되면 정치적으로 결집하지 못하는 20·30세대의 정치력 비중이 낮아지는 반면, 현재의 40·50세대가 노년층이 되어서도 정치적 위상을 계속 유지하게 될 가능성이 높다. 정치컨설턴

트로 활동하는 유승찬 스토리닷 대표는 "노인당이 나올 수 있고, 기존 거대 양당이 기득권을 공고히 하기 위해 노인정당의 모습으로 변할 수도 있다"고 말했다.

한편 이민자가 늘면서 이들의 정치 세력화의 가능성도 열려 있다. 통계청 추계에 따르면 2040년 이주배경인구(귀화자+이민자 2세+외국인)가 323만 명에 이를 것이기 때문이다. 지금까지 이주배경을 가진 중앙 정치인은 필리핀 귀화자인 이자스민 전 의원 정도가 전부였지만, 앞으론 정당을 형성할 수 있을 정도로 그 세력이 커질 가능성이 높다.

전문가들은 이런 정치 지형 변화가 다극화를 가져오는 동시에 나이·출신 배경에 따른 갈등 또한 부추길 것이라고 우려한다. 노인 목소리는 과다대표 되는 반면 청년·이민자층은 과소대표 되면서 계층 간 갈등이 격해진다는 분석이다.

아울러 기후위기, 인공지능(AI) 보편화, 디지털 혁명 등 급격한 변화에 따른 불안 요소가 늘어나는 것도 문제다. 유튜브와 소셜미디어의 정치적 파급력이 커지면서 극단적 팬덤 정치가 기승을 부리는 게 이를 방증한다. 유승찬 대표는 "계층 간 불평등 심화로 소속감을 바라는 사람이 늘고, 더 강한 지도자를 원하는 포퓰리즘이 득세할 것"이라며 "트럼프 전 미국 대통령의 등장과 에르도안 튀르키예 대통령의 장기집권에서 보듯, 특정 세력에 대한 혐오를 부추겨 자기 세력을 구축하는 파시즘의 길이 열릴 수 있다"고 말했다.

과거 파시즘의 원동력은 민족이나 인종 같은 요소였으나, 21세기 파시즘은 기후나 자원 문제에서 시작될 수 있다. 이미 유럽에선 극단적 수단까지 정당화하는 과격한 생태주의를 일컫는 에코파시즘까지 등장했다. 안병진 경희대 미래문명원 교수는 기후 문제와 자원 배분을 둘러싼 갈등은 전세계적으로 점차 커질 것이라고 예측했다. 또한 이런 사회적 분위기가 특정층의 분노 심리를 자극하는 포퓰리즘과 만나면 극단적 운동으로 전개될 수 있다고 말했다.

많은 전문가들이 다극화를 극복할 대안으로 직접민주주의 요소를 수용할 것을 제안한다. 시민이 직접 정책을 제시하고 참여하면 대의제의 한계인 과소·과다대표 문제를 해소할 수 있다는 설명이다. 박성원 국회미래연구원 연구위원은 2022년 12월 '대한민국 미래전망 연구' 보고서에서 아일랜드의 '헌법개정시민의회'를 성공 사례로 들었다. 2008년 의원 33명, 시민 66명, 의장 1명 등으로 의회와는 다른 별도의 협의체를 구성했고, 숙의를 통해 동성결혼 허용과 낙태 허용 등을 국민투표에 부쳤다. 박 연구위원은 "여러 나라가 2000년대 들어 대의민주주의 한계를 보완하고자 추첨과 숙의를 결합한 시민의회를 시도하고 있다"며 "정치에서 소외되는 시민들이 더욱 적극적인 자기 통치의 자유를 누리고 싶은 욕구가 분출할 것"이라고 설명했다.

부동산 시장의 절반 쇼크

'인구가 줄면 생산가능인구가 줄고, 자연히 주택 수요도 감소할 것이다. 결국 인구 절벽은 필연적으로 부동산 가격 하락으로 이어진다.' 한때 이런 비관론이 설득력을 얻었던 적이 있었다. 글로벌 금융위기 여파로 부동산에 미래가 없어 보이던 2010년대 초중반에 특히 그랬다. '인구 감소→구매력 감소→수요 축소→가격 하락'은 매우 탄탄한 논리 구조인 것 같았다.

그런데 실상은 달랐고, 시장은 달리 움직였다. '빚내서 집 사라'는 캐치프레이즈로 대표되는 저금리 규제 완화 정책 이후 부동산 시장엔 활황이 시작됐다. 건설사들은 전통의 4인 가족이 선호하는 전용 84㎡ 대신, 1·2인 가구를 타깃으로 한 59㎡ 아파트를 대거 선보이며 시장에 불을 붙였다. 김덕례 주택산업연구원 실장은 "인구가 줄면 수요 총량도 줄어드니 시장이 침체될 것이라는 우려가 있었지만, 실제로는 1인 가구 중심의 사회구조 변화와 더 좋은 주택에 대한 선호 때문에 시장이 정반대로 움직였다"고 설명했다.

이런 오판의 경험 때문인지, 부동산 시장에서는 인구와

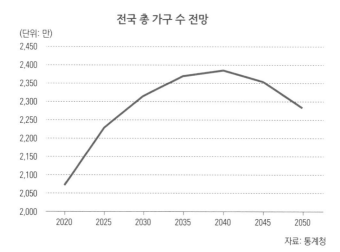

전국 총 가구 수 전망

(단위: 만)

자료: 통계청

부동산 경기의 상관관계를 논하려는 시도 자체를 시장에 대한 몰이해로 몰아붙이는 경향도 있다. 1인 가구 증가 추세가 여전한 데다, 안정 자산으로 분류되는 부동산의 특수성을 반영해야 한다는 것이다. 인구보다는 정부 정책, 금리, 소득 증가, 공급량 등의 변수가 부동산 경기에 더 영향을 준다는 의견이다.

그러나 '총인구 감소'라는 시련을 이겨냈던 부동산 시장은 조만간 그보다 더한 악재인 '가구 수 감소'를 버틸 수 있을지 증명해야 하는 상황이 될 것이다. 이에 대해 인구학자들은 "부동산 가격 하락에 유의미한 영향을 줄 수 있는 인구구조 변화가 아직 일어나지 않았을 뿐"이라고 말한다. 주택 시장은 가구 단위로 움직이는 만큼, 중요한 건 총 인구·생산인구의 감소나 고령인구 증가가 아니라 '총가구 수'의 감소라는 것이다.

통계청의 전국 총 가구 수 전망 추계를 보면 가구 수는 총인구가 줄어드는 상황에서도 계속 증가하다가 2039년 정도에 2,387만 가구로 정점을 찍고 내려갈 예정이다. 처음엔 하락 폭이 완만하지만 갈수록 감소의 기울기가 커지면서 2050년에는 2,285만 가구까지 감소하게 될 것으로 보인다. 지역별로 정점에 도달하는 시기도 다른데, 서울은 2029년, 부산·대구는 2028년을 기점으로 가구 수가 감소로 돌아선다.

총가구 수 감소는 한국 부동산 시장이 지금까지 경험해본 적 없는 구조적 변화일 것이다. 인구와 가구 수가 동시에 감소하는 새로운 시대에는 지금까지 적용되던 '부동산 문법'들이 더이상 통하지 않을 수 있다는 게 대부분 전문가들의 의견이다. 박원갑 KB국민은행 부동산 수석전문위원은 "(그때가 오면) 부동산이 필수가 아닌 선택이 될 것"이라고 말했다. 그는 "가구 수마저 줄어드는 수축 국면에 접어들면 주택시장 전체 거래량이 줄어들고, 수요가 2~4인 가구에서 미혼·노인 등 1인 가구로 전환돼 자금력도 약해질 수 있다"고 설명했다. 또한 그렇게 되면 결국 아파트 등 주택의 환금성이 지금보다 떨어지게 될 것이라고 덧붙였다. 그런 사회가 온다면 지금과 다르게 부동산이 더는 안전자산이 아닐 수 있다.

서울과 지방의 양극화 역시 전문가들이 공통적으로 지적하는 인구감소 시대 부동산 시장의 특징이다. 김덕례 실장은 65세 이상이 대부분인 인구 소멸 지역은 2040년까지 청년 유입이 없으면, 사람이 없는 지역이 될 수 있다고 말한다. 게다가 서울 등 도심권에 대한 선호가 계속되면서 비싼 집은 더 비싸지고 빈 집은 형편없이 싸지는 현상이 생겨날 수 있다고 예측했다.

가구 수가 급감하는 시점이 되면 단지 규모(가구)를 최대 30% 늘려 일반분양을 진행한 뒤 그 수익으로 공사를 진행하는 지금의 재건축 제도는 사라질 것이다. 이상림 보건사회연구원 연구위원의 말에 의하면 재건축은 인구감소 국면에선 더 이상 유지될 수 없는 제도다. 결국 재건축 규제, 공공재원 투입, 재고 처리를 둘러싼 사회적 갈등이 커지게 될 것이라고 지적했다. 또한 그는 "인구 유입이 불가능한 지역의 노후 아파트는 재건축이 어려워 그대로 방치되는 경우가 많아지고, 이 아파트에 고령의 빈곤층이 살게 되면서 슬럼화로 이어지는 문제를 야기할 수 있다"고 덧붙였다. 이러한 빈집 문제는 아파트보다는 단독주택을 중심으로 먼저 생겨날 가능성이 크다.

4

절반 세대의
연애·결혼·출산 리포트

"아이요? 엄마도 낳지 말라던데요?" 2004년생 대학생 박효린(19) 씨는 말한다. 2023년 경남의 한 대학 간호학과에 입학한 효린 씨는 인생에서 일찌감치 출산이란 선택지를 지웠다. 졸업 후 서울로 올라가 유명 대학병원에서 근무하는 유능한 간호사가 되려 한다. 그런데 아이 때문에 자신의 인생 목표가 가로막힐 걸 생각하면 벌써부터 속이 답답하다고 한다. 근무가 불규칙하고 노동 강도가 센 간호사 업무 특성을 감안하면 출산·육아는 언감생심. 학창시절부터 남들과의 경쟁에서 뒤처지는 걸 못 견뎌했다는 효린 씨는 "내 커리어도 놓치고, 아이도 잘 못 키울까봐 두렵다"고 했다.

이제 막 스물을 넘긴 청춘이 하기엔 때 이른 걱정 아닐까 싶지만, 효린 씨는 단호했다. "두 마리 토끼(커리어와 육아) 다 놓칠 바에야, 한 마리(커리어)에만 집중하는 게 훨씬 더 합리적이고 안정된 선택 아닐까요" 스물넷에 결혼해 두 아이를 낳고 키우느라 경력 단절의 쓴맛을 봤던 효린 씨 어머니(1979년생)도 "능력이 되면 자기 일하면서 혼자 사는 것도 나쁘지 않다"며 딸의 비출산 의사를 존중했다고 한다.

아이 낳지 않을 결심

대한민국에서 '아이 낳지 않을 결심'을 하는 연령이 어려지고 있다. 결혼·출산 압박에 본격 시달리기 시작하는 30대 초반 여성보다, 2002년 전후 출생자인 20대 초반 절반 세대가 더욱 강력하게 출산을 보이콧하고 있다. 가정에선 아들 딸 구분 없이 사랑받았고, 학교에서도 차별 없이 대우받으며 개인적 성취를 이뤄온 세대. 자기만족과 효능감에 몰두하는 절반 세대에겐 출산과 육아로 인해 자신의 커리어가 흔들릴지 모른다는 공포가 더 크게 다가온다. 부모 세대의 절반 규모인 인구집단의 출산 거부 의사가 뚜렷해지면서, 합계출산율(한 여성이 낳을 것으로 기대되는 평균 출생아 수)이 1명 아래로 추락한 '인구 쇼크'가 대물림될 것이 거의 확실하다.

이 땅의 청춘들에게 연애·결혼·출산은 이제 사문화된 단어다. 지금 당장 내 한 몸 건사하기 힘들고, 미래가 불안한 청춘들에게 연애는 '귀찮'고, 결혼은 해도 그만 안 해도 그만인 '선택'이며, 출산은 내 인생을 저당잡힐까봐 두려운 '부담'일 뿐이다. 한국일보가 한국리서치와 실시한 '절반 세대 연애·결혼·출산 인식조사'(절반 세대 인식조사)에서 절반 세대 여성 10명 중 4명은 '아이를 낳고 싶지 않다'(44.8%)고 적극적으로 출산 거부 의사를 드러냈다. '아이를 낳고 싶지 않다'는 30대 여성 응답(36.2%)보다 출산 보이콧 의향이 더 높아진 것이다. 출산 관련 인식에서도, 절반 세대 여성들은 '출산을 하지 않는 것이 좋다'(30.3%)고 답하며 출산에 부정적 의견을 드러냈다. 사회생활을 경험하며, 결혼·출산 적령기에 맞닥뜨린 30대 초반 여성들이 출산에 갖는 부정적 인식(20.3%)보다 10%나 높은 수치다.

이 조사는 결혼 출산 이슈에 당면한 90년대생 초반의 (1991~1994년생) 30대 남녀 그룹, 2000년대생 초반 절반 세대(2001~2004년생) 남녀 그룹을 각 500명씩 뽑아 총 1,000명을 상대로 한 웹조사로 진행되었다.

1990년대생은 대한민국에서 출생아 수가 '반짝' 반등했던 마지막 세대다. 정부는 이들이 저출생 위기를 붙잡아줄 최후의 해결사가 되어 주기를 고대하고 있지만, 짝사랑으로 끝날 공산이 커 보인다. 당장 이번 조사에서도 90년대생과

절반 세대 연애 결혼 출산에 대한 인식조사

향후 자녀 출산 의향

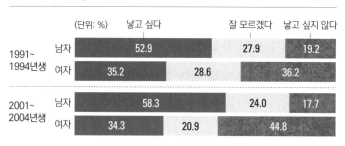

출산에 대한 생각

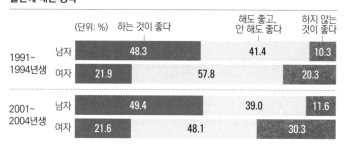

결혼에 대한 생각

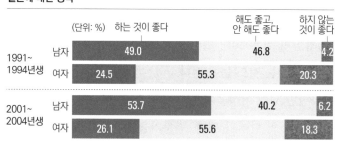

절반 세대 그룹 모두에서 결혼·출산을 하는 것이 좋다는 의견은 절반 안팎을 넘기지 못했다. 특히 성별 차이에 따른 불일치가 커 보였다. 결혼과 출산을 하는 것이 좋다는 데 남성들은 50% 안팎이 동의했지만, 여성들은 20%대에 그쳤다. 그러나 남녀 모두 반드시 해야 한다는 응답은 10% 안팎에 불과했다.

'삼포세대'(연애·결혼·출산을 포기한 집단) 신조어가 등장한 지도 벌써 12년이다. 저출생이 기본값이 된 시대에서 이 땅의 청춘들에게 연애·결혼·출산은 하는 것보다 안 하는 게 자연스러운 생애 주기로 굳어졌다.

특히 절반 세대 여성들의 거부가 제일 강경했다. 출산에 있어 확고한 거부 의사를 드러낸 절반 세대 여성들은, 결혼과 연애도 시큰둥했다. '연애는 해도 그만, 안 해도 그만'이라는 의견이 63.1%로 유일하게 과반을 넘겼고, '결혼을 하지 않는 것이 좋다'는 부정 응답(18.3%)도 90년대생 여성(20.3%)들과 비슷하게 나왔다. 경제적 부담을 이유로 결혼을 주저하는 경향이 짙은 30대 초반 남성보다 결혼할 가능성을 더 낮게 보고 있는 것도 눈에 띈다.

절반 세대 여성들에게 연애·결혼·출산은 이제 포기를 넘어선 냉소의 단어가 됐다. 전문가들은 이를 '생존주의 세대'가 살아남으려는 본능이 발현된 결과로 봤다. 신경아 한림대 사회학과 교수는 "멀게는 부모 세대가 겪은 1997년 외환위기, 2008년 글로벌 금융위기를 거치며 청년들이 느끼는 삶의 불안정성, 불확실성이 커졌다"며 일단 나부터 살아남는 게 중요한 상황에서 결혼을 하고 아이를 낳는 것은 사치일 수밖에 없다고 해석했다.

절반 세대 여성들이 유독 더 결혼과 출산에 거부 반응을 일으키는 건 왜일까. 우선은 자신의 직업적 커리어가 망가질 것에 대한 두려움이 크게 작용하고 있었다. 자녀를 낳지 않겠다고 밝힌 절반 세대 여성 10명 중 8명은 출산과 육아로 인한 경력 단절을 걱정(82.2%)했는데, 이는 90년대생 여성들의 응답(72.7%)보다 높은 것이다. 반면 절반 세대 남성들의 경우, 자녀 출산과 양육으로 자신의 커리어가 단절될 것에 우려를 표한 응답은 40%에 불과해 대조를 이뤘다.

아이를 낳아도 제대로 잘 키울 수 있을지, 한국에서 아이를 낳는 게 과연 옳은 선택일지에 대한 불안감도 출산을 주저하게 만드는 이유 중 하나다. 이런 우려는 세대·성별을 막론하고 공유되는 정서였는데, 특히 90년대생 여성들의 민감도가 더 높았다. 이들은 한국 사회가 "아이가 행복하고 안전하기 힘든 사회여서"(94.8%), "한국의 치열한 경쟁과 교육제도 아래 키우기 싫어서"(90.9%) 아이를 낳을 수 없다고 반박했다.

미래 전망이 어두워질수록 출산 의향이 강하게 줄어드는 것도 새삼 확인할 수 있었다. 세대·남녀 가릴 것 없이 한국에서 삶의 조건이 나아지지 않을 것이란 응답이 과반을 넘었는데, 출산을 가장 적극적으로 거부한 절반 세대 여성이 가장 크게 비관(66.4%)한 것으로 나왔다.

또한 이들은 출산이 '부담'이라면, 결혼은 '손해'로 인식하는 경향이 컸다. 결혼할 의향이 없는 이유에 대해 모든 그룹에서 '자녀 양육 및 가사 노동 증가 부담'을 가장 많이 뽑았다. 특히 절반 세대 여성, 90년대생 여성의 응답이 각각 97.8%, 95.7%로 압도적으로 높았다. 신경아 교수는 "가정학교에서 차별받지 않고 동등하게 자라온 절반 세대 여성들에게 결혼·출산에 따른 양육은 성취를 가로막는 걸림돌로 여겨질 수밖에 없다"며 여성의 노동시장 진출은 보편화했는데, 남성이 동등하게 가사를 부담하고 아이 돌봄에 나서는 변화는 너무 더딘 게 문제라고 꼬집었다. 그러면서 그는 일본 사례를 들어 경고했다.

"2000년대 초반, 일본에서 합계출산율이 떨어지자 '조용한 혁명'이란 말이 회자된 적이 있어요. 여성들이 육아와 일을 병행하기 너무 어려운데, 사회가 바꾸지 못하자 변화를 요구하는 대신, 조용히 출산을 보이콧하는 방식으로 대응한 거죠. 한국도 똑같아요. 위기가 심각하다면서, 정부와 기업 모두 제대로 해결책을 찾지 못하고 있어요."

그사이 절반 세대들의 '조용한 혁명'은 이미 시작됐는지 모른다.

'굳이' 결혼이 아니라도

"나를 잃어버릴지 모른다는 두려움이 가장 커요. 몸도 망가지고, 쌓아 올린 커리어가 결혼과 출산으로 한순간에 저당 잡힐까봐 너무 무서운 거죠."

2002년생 대학생 이선주(21) 씨가 비혼·비출산을 선택한 이유다. 꽃다운 청춘은 불안을 넘어 공포에 떨고 있었다. 결혼과 아이 이야기만 나오면 몸서리를 쳤다. 때 되면 연애하다, 결혼하고, 아이 낳아 키우는 인생. 자연스러워 보였던 삶의 경로를 지금 청춘들은 철저히 거부하고 있다. 어린 시절 현모양처를 꿈꿨다는 스물한 살은 도대체 어떤 각성을 했기에 이토록 결혼과 출산을 거부하게 됐을까.

온 나라가 월드컵 4강 기적에 취해 떠들썩했던 그 해, 전국의 산부인과에선 아기 울음소리가 잦아들며 출생아 수가 처음으로 50만 명 아래로 떨어졌다.(49만 6,911명). 이선주 씨는 바로 그 2002년에 태어난 절반 세대다.

아버지는 경남 양산시에서 성실한 근로자로 생계를 온전히 책임졌고, 어머니는 직장을 다니다 전업주부로 주저앉아 두 딸(1996·2002년생)을 키우며 살림을 도맡았다. 95만 명 또래와 함께 태어난 1972년생 동갑내기 부부가 스물넷부터 일군 가정은 단단히 뿌리를 내렸고, 선주 씨도 부모님의 단란한 삶을 한때는 본받고 싶었단다. '결혼과 출산의 이면을 보기 전까지'는 말이다.

"한 가정을 유지하기 위해 부모님이 얼마나 큰 희생과 헌신으로 자신의 삶을 갈아 넣고 있었는지를 철이 들면서 깨달았죠. 존경스럽긴 하지만, 제가 이번 생에 감당할 수 있는 몫은 아닌 것 같아요." 부모님 세대처럼 살고 싶진 않다고 결심한 이유다. 괜찮은 인서울 대학을 다니며 착실히 공무원 시험을 준비하고, 연애도 척척 문제 없이 해온 선주 씨. 이런 청춘이 왜 결혼을 거부했을까 싶겠지만, 선주 씨가 생각하는 사랑은 딱 연애까지만이다. 그에게 결혼은 "단점만으로 가득한, 외면하고픈 선택지"다. 둘만 좋으면 그만인 연애와 달리, 결혼은 함께 딸려오는 가족까지 챙겨야 한다는 게 무엇보다 큰 부담이라고 한다.

선주 씨 걱정처럼, 이 땅에서 결혼은 여전히 부모님이 혼주로서 청첩장을 보내 손님을 초대하는 집안끼리의 결합으로 간주된다. 내 부모 모시기도 버거운데, 배우자 부모까지 챙겨야 하고, 결혼이 아니라면 평생 '남'이었을 사람들의 참견과 훈수를 버텨야 한다. 선주 씨는 상상만으로도 숨이 막힌다고 말했다.

출산은 여기서 한 발 더 나아가는 두려움이다. 자식들을 돌보기 위해 일을 그만둔 어머니의 경력 단절을 보면서 '아이 낳고 키우면 여자 커리어는 끝장'이란 걸 뼛속 깊이 체감했다. 육아는 더 큰 걱정으로 다가온다. "부모의 무한 책임을 강조하는 육아 프로그램을 볼 때마다 과연 잘 키울 수 있을까, 나는 과연 성숙한 어른인가를 돌아보게 돼요. 무한 경쟁 사회에 태어난 아이가 행복할지도 의문이고, 나중에 왜 낳았느냐고 원망하면 정말 못 견딜 것 같아요."

그러니까 이 말들을 종합해 보면, 스물한 살 이선주에게 비혼과 비출산은 스스로를 굳게 지켜내기 위한 '합리적 선택'의 결과다. 6살 터울 언니는 일찌감치 비혼·비출산을 선언했고, 어머니도 하고 싶은 대로 살라며 응원했다고 한다. 이들에게 나이 들어 혼자 외로워지는 데 대한 두려움은 없을지도 물어보았다. "굳이 결혼 아니어도 마음 맞는 동반자가 있다면, 평생 연애하고 동거하며 살면서 '온전한 내 편'을 만들 수 있지 않을까요." 동물을 좋아하는 선주 씨는 노년엔 공무원 연금을 받으며, 유기동물센터에서 봉사하며 살고 싶다고 한다.

절반 세대는 말한다. 연애·결혼·출산은 이제 더 이상 때 되면 자연스럽게 거쳐가는 생의 필수 단계가 아닌 선택사항이라고. 당장 취업도, 주거도, 미래도 불안정한 세상에서 우선 나부터 살아남기 위해, 연애·결혼·출산은 한참 뒤로 밀릴 수밖에 없다는 점에서, 어쩌면 이 선택은 비자발적이다. 내 자신을 지키기 위해 결혼과 출산 보이콧에 나선 선주 씨가 유별난 생각을 갖고 있는 것일까. 하지만 심층 인터뷰를 진행한 절반 세대 전후 청년들은 저마다 이유는 달랐지만, 결혼·출산의 가치를 낮게 봤고, 연애마저 심드렁하게 여겼다.

심리적 안정, 자녀가 주는 행복, 외롭지 않은 노후 등 결혼·출산의 이득도 분명히 있지만, 그 이익의 단계에 갈 때까지 감당해야 하는 비용과 손해가 더 크다고 생각한다. 절반 세대가 뽑아낸 연애·결혼·출산의 마이너스 항목은 이랬다.

①내 한 몸 건사하기도 힘든 세상, 배우자와 자녀를 온전히 책임
   질 수 있을까 하는 막연한 불안감
②내 커리어와 돈, 시간은 뻔히 희생할 수밖에 없다는 박탈감
③완벽한 조건에서 시작하지 못할 바에야, 처음부터 포기하고 말
   겠다는 중압감

과거 부모 세대의 연애·결혼·출산은 각각의 결과가 자연스럽게 맞물려서 이어지는 일련의 과정과도 같았다. 그러나 지금 청춘들에게 연애·결혼·출산은 각각이 '힘겹게 넘어야 할 높은 장애물'과도 같다. 그들이 세상에 보내는 '연애·결혼·출산 파업 전상서'에 가득 찬 절규들을 더 살펴봤다.

"주변에서 하도 〈환승연애〉(연애리얼리티 프로그램)가 재미있다고 해서 봤는데, 첫 만남의 정적부터 숨이 막혀 꺼버렸어요. 감정 소모를 지켜 보고 있는 것만으로도 너무 시간이 아깝더라고요." '연애 무용론자' 2000년생 직장인 김나현 (23) 씨의 말이다. 고교 졸업 후 바로 공공기관에 취업한 뒤 현재는 직장과 학업을 병행 중인 나현 씨에게 연애는 쓸모없음 그 자체다. 24시간을 분 단위로 쪼개 쓰며 '현생'을 감당하느라 연애에 쓸 에너지가 남아 있지 않다. 그에게 지금 인생에서 가장 중요한 건, 나중에 혼자 살아도 당당할 수 있는 삶의 기반을 다지는 일이다. "제 명의의 집과 차를 사야 하

고, 공부나 운동, 여행을 게을리할 수 없으니 여기에 연애가 끼어들 틈이 없는 거죠." 나현 씨가 남의 연애를 부러워할 이유가 없는 이유다. 청춘이 연애에 목말라 할 거라는 건 순전히 기성세대만의 착각이라고 '요즘 애들'은 말한다. 타인과의 감정 교류에 한가하게 힘을 쏟기보다, 당장 내 삶에 투자하는 일에 열성을 다하는 게 그들의 연애다. 취업이 급한데 썸을 타고 밀당을 즐길 여유가 없다는 대학생 이민준(25) 씨의 이야기도 크게 다르지 않았다. 그에게 연애는 물질적, 정서적, 시간적 여유를 갖춰야 누릴 수 있는 사치재다.

성평등 인식이 높아지고 소비 수준이 비약적으로 향상된 현상도, 절반 세대를 '절식남녀'(연애에 적극적이지 않은 남녀를 비유적으로 일컫는 말)로 만들었다. 조건을 따지지 않고 사랑만으로 연애할 수 있느냐고 물었더니, 2002년생 대학생 전세연(21) 씨가 화들짝 놀라 "절대 안되죠!" 하고 소리쳤다. '연애는 배우자를 찾는 준비 단계'라 굳게 믿는 세연 씨가 상대를 고를 때 삼는 최우선 기준은, 학벌도, 직업도, 집안도 아닌 젠더 감수성이다. "전에 사귀던 남자친구가 여성 정치인을 혐오하고 깎아내리는 걸 보고 정이 떨어졌어요. 그 길로 헤어졌죠." 세연 씨가 유별나서가 아니다. 연애·결혼 상대를 선택할 때 젠더 감수성이 강력한 영향력을 발휘하는 건 '요즘 연애'의 두드러진 특징이다. 젠더 갈등 및 데이트 폭력에 대한 우려로, 이성과의 만남 자체를 주저하고, 꺼려하는 분위기는 남녀 가릴 것 없이 적지 않게 퍼져 있다.

여학생들의 말을 들어보자. "에타(대학교 익명 커뮤니티 에브리타임의 줄임말)에서 젠더 감수성 떨어지는 막말하는 사람들 보면, 미래에 저런 사람을 만나면 어쩌지 하는 걱정이 들죠."(이선주 씨) "데이트 폭력 등 흉흉한 사건을 접할 때마다 사람 만나기가 더 두려워지는 거 같아요."(김나현 씨) 이에 대해 남학생들도 불편한 심기를 감추지 않는다. "젠더 이슈에 대한 스펙트럼이 워낙 다양해, 이성을 만날 때 말과 행동을 더 조심하게 되죠."(이민준 씨), "막상 현실은 그렇지 않은데, 정치권에서 젠더 갈등을 실제보다 과장해 부추기고 있어 이성친구들과 대화에 어려움을 겪습니다."(대학생 송우현 씨)

게다가 '보여지는 연애'에 대한 부담도 크다. 인스타그램이나 유튜브 일상을 공개하는 게 익숙한 절반 세대에게, 연애는 사회·경제적 지위를 과시하기 위한 수단이기도 하다. 경제적으로 부족함 없이 컸던 절반 세대는 소비의 씀씀이도, 눈높이도 남다르다. 점심 한 끼에 20만 원이 넘는 오마카세를 즐기거나, 기념일 때마다 호캉스(호텔에서 즐기는 휴가)를 떠나는 게 특별하지 않다는 게 요즘 데이트 풍속도다. 그러나 물질에 집착할수록 비교에서 오는 피로감이 쌓인다. 그래서 연애는 더 버거워진다. 여자친구 생일을 기념해 선물과 데이트 비용을 대느라, 한달 용돈 50만 원을 하루만에 탕진했다는 대학생 성도율(22) 씨는 "인스타에 다른 커플들이 올리는 데이트 코스를 보면 비교가 되고, 신경이 쓰일 수밖에 없다"며 "나도 잘 살고 있다는 걸 보여주고 싶은 마음에 압박을 느낀다"고 토로했다.

타인과 정서를 교류하며, 관계를 발전시켜 나가는 과정을 배울 수 있다는 점에서 연애는 한 인간에게 분명 성장의 기회다. 하지만 요새는 엄숙하고 진지한 만남보다는, 가볍게 기호식품처럼 즐기는 연애도 많아지는 추세라고 한다. 반면 완벽한 연애에 대한 강박이 커지면서, 요즘 청춘들의 연애에선 너무 무겁거나 혹은 너무 가볍게 생각하려는 양극화 현상이 감지된다.

대학 입학 후 주변의 소개팅 제안을 한사코 쳐내는 철벽남 송우현(20) 씨는 "할 거면 제대로 하고, 아니면 시작을 안 하는 게 낫다"고 말한다. 반대로 이민준 씨는 데이팅 어플 등을 통해 '자만추'로 이성을 만나는 편이라고 당당히 털어놓는다. 여기서 자만추는 '자연스러운 만남 추구'가 아닌 '자고 나서 만남 추구'라는 뜻이다. "안 그래도 각자 사는 게 힘든데, 서로를 일일이 간섭하는 건 너무 부담스럽지 않나요? 연애와 비슷한 감정과 욕구를 적당히 즐기다 헤어지는 게 훨씬 맘 편하죠." 자만추를 선택한 민준 씨는 만족한다고 했다.

연애부터 이토록 진입장벽이 높아졌으니, 결혼에 이르는 길은 이들에게 더 멀게 느껴질 것이다. 물론 이들이 연애·결혼·출산에 대해 마냥 부정적인 것만은 아니다. 사랑하는 사람을 만나 함께하는 연애는 '낭만'이고, 두 사람만의 새로운 가정을 꾸리는 결혼은 '하면 좋은 것'이며, 두 사람을 닮은 아이를 낳아 기르는 출산은 함께 성장하는 '어른의 시작'이라고 답한 이들도 많았다. 하지만 그들은 하나같이 말했다. "하면 좋지만, 할 수 없다"고.

그 책임, 왜 우리가 져야 하죠?

"솔직히 지금 속도론 30대 중반이 넘어서도 2억 모으기도 어려울 것 같아요. 그때 되면 집값은 더 오를 거고, 아이까지 낳으면 돈 쓸 데는 더 많은데. 가족들 고생시킬 바에야 아예 시작을 안 하는 게 나을 것 같아요." 2001년생 직장인 김승후(22) 씨는 말한다. 일찌감치 공공기관에 취업해 또래보다 안정적으로 자리를 잡은 그에겐 중학교 때부터 7년을 만난 여자친구가 있다. 원래는 취업 문턱만 넘으면 여자친구와 결혼하기로 했지만, 인생 첫 월급인 240만원 명세서를 받아들자마자 갑자기 생각할 것들이 많아졌다고 한다.

사실 승후 씨는 큰 걸 바라는 것도 아니다. '보랏빛 조명이 내리쬐는 성대한 호텔 결혼식'을 하겠다거나, '자기 명의의 아파트는 필수'라고 말하지도 않는다. 하지만 평균적인 한국의 결혼식을 살펴보면 그냥 평범한 예식장에 스드메(스튜디오·드레스·메이크업)를 합치면 비용만 수천만 원이 된다. 거기다 서울 부모님 집 근처만 봐도 10평 대 빌라 전세를 얻으려면 '억' 소리가 난다. 그 말은 3,000만 원도 안 되는 연봉을 앞으로 10년 간 한 푼도 안 쓰며 모아도, 대출 신세를 져야 한다는 뜻이다.

"결혼은 중산층 이상의 문화"가 됐다는 한 소설가(김영하)의 말처럼 대한민국에서 결혼과 출산은 일종의 특권이 됐다. 부모가 집을 물려주거나 결혼 자금을 지원해줄 수 있느냐에 따라 '수저론'이 시작되고, 본인이 전문직으로 고소득이 가능하냐에 따라 라이센스 만능론이 위력을 발휘한다. 비슷한 수준의 사람끼리 만나 가정을 꾸리는 그들만의 리그가 된 결혼은 한국 사회에서 대물림 되는 계급을 드러내는 인증마크다.

대학생 성도율(22) 씨는 연애는 '단타'로 편하게 즐기지만, 결혼할 배우자만큼은 결혼정보회사(결정사)를 거치겠다고 말했다. 그는 "평생을 함께 할 사람인데, 수준이 맞는 사람끼리 만나야 행복하지 않겠느냐"며 "연애에선 경제력 차이가 용납되지만, 결혼이 계층 이동의 사다리가 되던 시절은

끝났다"고 단언했다.

부모 세대에 가능했던 '단칸방 신혼집'에서의 시작은 절반 세대에겐 불가능한 일일까. 알뜰살뜰 아끼며, 차곡차곡 모으며, 살림을 불리는 재미도 있지 않을까. 절반 세대는 코웃음을 쳤다. 더 나은 '결혼의 자격'을 스스로 갖추기 위해 연애를 일부러 미루고 자기계발에 매진하고 있는 직장인 최연수(22) 씨는 매우 현실적인 얘기로 이러한 단칸방 이론을 반박했다. 연수 씨는 "불완전한 사람들끼리 만나서 완전해지길 기다리기보다 처음부터 완전한 사람들끼리 만나는 게 더 효율적이지 않겠느냐"고 되물었다. 공공기관에서 일하는 김나현(23) 씨는 단칸방 로맨스는 '그때는 맞고, 지금은 틀리다'고 했다. "열심히 일하면 집 한 채 마련하고 아이 둘, 셋을 키울 수 있었던 부모님 세대의 고도성장기 경제시절과 지금이 같나요? 그땐 할 수 있었지만 지금은 안 되죠."

여자친구에게 아직 결혼 포기하겠다는 마음을 말하지 못했다는 김승후 씨는 매달 넣던 적금(100만원) 중 80만원을 주식으로 돌리며 재테크 공부에 나섰다. 부모 찬스를 쓰기도 어렵고, 월급만으로 버텨야 하는 승후 씨가 대한민국에서 '결혼 자격증'을 딸 수 있는 유일한 길 같아서다. 지방 출신의 김나현 씨는 "엄마처럼 희생하면서 살고 싶지 않고, 살 수도 없다"며 결혼을 거부하는 중이다. 승무원을 꿈꾸던 어머니

(70년대생)는 스물다섯에 결혼해 사무직과 부동산 중개업 등을 하며 삼남매를 키우고, 집안 살림까지 전부 챙기는 슈퍼우먼이었다. 아버지도 도와주시려 애썼지만, 투잡을 뛰느라 집까지 챙기기엔 한계가 있었다. 서울에서 자취를 한 뒤 집안일에 얼마나 많은 시간과 노동력이 투입되는지 체감하고서야, 나현 씨는 워킹맘이라는 단어에 새겨진 '강요된 고단함'을 돌아보게 됐다고 한다. "가족들 밥을 다 먹이고 설거지를 할 때마다 엄마가 혼잣말로 그러셨거든요. '만드는 건 한 시간인데, 먹는 건 금방이네.' 야근 끝내고 와서 빨래를 돌리며 한숨 쉬시던 모습이 계속 떠올라요."

사회는 결혼 출산을 장려하겠다며 일과 가정 병행을 이야기하지만, 나현 씨는 너무 잘 알고 있었다. 가사노동과 양육 책임을 여성의 몫으로만 여기는 고정관념을 타파하지 않는 한, 이 세상 대부분 가정은 워킹맘의 한숨과 노고를 동력 삼아 번듯한 모습을 유지할 수 있다는 걸. "(그렇게 살았던) 엄마도 요새는 '결혼 그거 꼭 안 해도 된다'는 말씀을 자주 하세요." 이 말을 하며 나현 씨는 씁쓸하게 웃었다.

자, 이제부터 출산 얘기다. 연애와 결혼의 장벽도 높았지만, 그 어려운 장벽을 넘어 '결혼할 수 있다'고 말한 절반 세대들도 출산에 대한 거부감은 꽤나 강했다. 왜냐고 물었더니 "아이를 낳는다면 남부럽지 않게 제대로 키워야 하는데 그럴 자신은 없다"거나 "결국 나도, 아이도 불행할 것 같다"는 답이 돌아왔다. '출산=불행'이라는 등치관계가 형성된 이유는 여럿이 있다.

특성화고(조리학과) 전공을 살려 쭉 요리 컨설팅 분야에서 경력을 쌓고 있는 조혜주(23) 씨는 아이를 낳고 직장을 그만 둔 선배 언니들을 여럿 보면서 출산에 대한 마음을 접었다고 했다. "주변에서 아이 낳고서 일하는 언니들을 보면 정말 많이 지쳐하더라고요. 아이를 제대로 케어하지 못하는 데 대한 죄책감에 시달리다 결국 그만두고, 짧게는 2,3년, 길게는 10년 이상 일을 쉴 수밖에 없다고도 하는데 그 정도면 경력의 단절이 아니라 그냥 종말 아닌가요?"

눈앞에 뻔히 보이는 경력 단절을 우려해 일찌감치 진로를 바꾸는 경우도 있다. 연애도 결혼도 출산도 인생의 필수라 여기는 2002년생 대학생 송혜인(21) 씨는 언론사 입사를 희망했지만, 아이 낳고 키우면서 일하면 아이도 나도 각자의 경쟁에서 밀려날 것 같아 출산 이후에도 직업을 유지할 수 있는 세무사 등으로 진로를 틀었다고 한다.

무한경쟁에서 살아남기 위해 발버둥쳤던 나의 불행을 대물림하고 싶지 않다는 답도 있었다. 절반 세대들이 출산을 꺼리는 이유 중 하나다. 결혼·출산은 인생을 살아가는 데 행복일 순 있지만, 불가피하게 누군가의 희생이 따르는 일이다. 문제는 누릴 수 있는 행복의 크기는 희미한데, 감당해야 하는 희생은 너무 분명해 보인다는 것. 그 좁혀지지 않는 차이에서 오는 불안감, 두려움, 좌절감이 이 땅의 청춘들이 결혼 출산을 주저하게 만드는 배경 아닐까.

대학생 이민준(25) 씨는 학창시절을 떠올리면 '학원 뺑뺑이' 기억 밖에 없다. 맞벌이하는 부모님은 사교육을 많이 시키는 게 자식 사랑이라 여겼겠지만, 정작 민준 씨는 그 시절을 불행했다고 기억했다. "어린 시절 부모님과 정서적으로 교감하는 게 부족했고, 지금도 채워지지 않는 결핍으로 남아 있어요. 제가 아이를 낳는다고 해도, 열심히 돈 벌어 학원에 바치느라 힘들고, 아이는 아이대로 사교육에 치여 힘든 상황을 또 다시 겪을 수밖에 없을 텐데. 그렇게 사는 게 맞는 걸까요?" 뿐만 아니라 지금의 나보다 더 나은 조건에서 살게 해줄 수 없을 것 같다는 불안함도 출산을 포기하게 만든다. "부모님이 저한테 평생 누리게 해주셨던 모든 것들 저는 과연 제 아이에게 해줄 수 있을까요?" 김승후 씨는 부모님보다 한참 모자란 자신의 월급이 너무 원망스럽다. 내 아이도 이럴 수 있다고 생각하니 답이 안 나온다는 생각을 한다.

연애도 결혼도 출산도 싫다는 말을 하는, 부모들과는 180도 달라진 지금의 절반 세대를 보며 일부 어른들은 이기적이라고 몰아붙인다. 아이 낳기 거부하는 청춘 탓에 나라가 곧 망할 거라고 호들갑을 떨며, 제발 아이를 낳으라고 으름박지르기 바쁘다. 절반 세대는 되묻는다. "그 책임, 왜 우리가 져야 하죠? 왜 우리에게 희생을 강요하나요?" 내 한 몸 건사하기도 힘든 절반 세대에게 또 다른 생명을 책임져야 하는 일은 감당하기 힘든 압박이자 고통이다.

직접 만나 이야기를 나누어보니 절반 세대가 결혼에 대해 품는 생각은 다양했다. 젊은 부모를 꿈꾸는 누군가에겐 '20대의 최종 꿈'이었고, 하고는 싶지만 경제적 능력이 부담된다는 누군가에겐 '굳이?' 해야 하냐는 의문부호가 따르는 단어다. 결혼을 희망하든, 주저하든 모두에게 적용되는 공통된 키워드는 '능력'이다.

이민준 씨는 인구의 위기를 청춘들이 해결해야 할 문제라고 보는 시각 자체가 잘못됐다며 "연애도, 결혼도, 출산도 하고 싶은데 할 수 없는 사회를 만든 기성세대가 책임져야 할 일 아니냐"고 따졌다. 최연수 씨 생각도 마찬가지였다. "일단 내가 속한 세상이 불행하다고 느끼는 사람들이 많다면 누가 아이를 낳으려 하겠어요. 그 아이도 뻔히 불행할 걸 아는데. 그러니까 저희에게 아이 낳아라 협박만 할 게 아니라, 결혼 출산을 하더라도, 나도 아이도 포기하지 않게끔 불행한 한국사회를 행복하게 만들어가는 데 돈을 썼으면 합니다."

인터뷰를 하던 중, 인구가 소멸해 대한민국이 사라질 수도 있는 중차대한 문제에 맞서 절반 세대들도 나서야 하는 것 아닌지를 물었다. 그러자 이십대 초반의 한 절반 세대가 해맑은 말투에 체념을 담아 되물었다. "인구 소멸 위기요? 망해도 한국이 망하는 거지, 제가 망하는 건 아니지 않나요?"

젠더관이라는 거름망

2002년 전후에 태어난 절반 세대는 2015년 이후 페미니즘과 반(反)페미니즘 담론이 치열하게 맞붙던 시기에 청소년기를 보냈다. 인터넷 여론에 민감한 '디지털 네이티브'인 이들은 미투 운동이나 여성가족부 폐지 논란 등 젠더 이슈와 함께 자랐다. 젠더 문제로 사회적 갈등이 첨예화·정쟁화하는 것을 뉴스로 목격했고, 학교 현장에서 학생 간 또는 교사–학생 간 젠더인식 차이를 직접 경험한 세대이기도 하다.

실제 20대(18~29세)의 90%는 '우리 사회 젠더갈등이 심각하다'고 본다(2022년 한국리서치). 절반 세대에게 직접 물었더니 본인과 다른 성별을 대할 때 부담감과 경계심을 느낀다고 토로하는 경우도 적지 않았다. 이런 갈등의 경험이 이 세대의 연애·결혼·출산 인식에 상당히 부정적 영향을 미치고 있다는 점도 확인됐다.

'절반 세대 인식조사'에 따르면 절반 세대 남성의 83.4%는 '페미니스트 성향'인 사람을 배우자로 택하는 것에 부정적이었고, 같은 세대 여성 76.8%는 '안티 페미니스트 성향' 배우자는 싫다고 답했다. 절반 세대와의 비교를 위해 대조군으로 정한 1990년대 초반 출생자(500명 조사)의 인식도 크게 다르지 않았다. 90년대생 남성 79.5%가 '페미 배우자'에, 90년대생 여성 80.2%가 '안티 페미 배우자'에 부정적이라고 답했다.

　그렇다고 해서 여성들이 '페미 배우자'를 마냥 선호하거나, 남성이라고 '안티 페미 배우자'를 선호하지도 않았다. 절반 세대 여성은 '페미 배우자'에 대해 긍정적 36.5%, 부정적 24.6%, 상관없다 25.3%로 답했고, 90년대생 여성은 긍정(36.7%)과 부정(38.4%) 의견이 팽팽하게 갈렸다. 남성들도 절반은 '안티 페미 배우자'를 싫어했는데, 불호 의견이 절반 세대 남성은 47.1%, 90년대생 남성은 55.5%로 나타났다. '안티 페미 배우자'가 좋다는 응답은 절반 세대 남성은 23.2%, 90년대생 남성은 17.9%였다.

　조사를 진행한 한국리서치 관계자는 "절반 세대와 90년대생 남녀 모두 결혼할 배우자 선택에서 성격, 가치관, 소득·자산 등을 주요 요인으로 꼽고 '정치적 성향'은 중요도가 상대적으로 낮다"며 "페미냐 안티 페미냐 여부는 우선적인 선

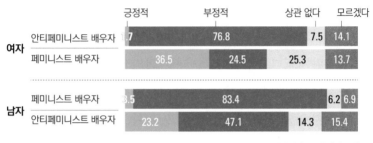

절반 세대의 페미니즘과 배우자 선호도

	긍정적	부정적	상관 없다	모르겠다
여자 안티페미니스트 배우자	1.7	76.8	7.5	14.1
페미니스트 배우자	36.5	24.5	25.3	13.7
남자 페미니스트 배우자	3.5	83.4	6.2	6.9
안티페미니스트 배우자	23.2	47.1	14.3	15.4

* 2001~2004년생 남녀 500명 대상 조사

택 요인이라기보다 필터링(걸러내는) 요인으로 작동하는 것으로 보인다"고 분석했다.

스스로를 페미니스트라고 생각하는지를 물었더니, "스스로 그렇게 생각한다"고 답한 여성은 30%대, 남성은 7%대였다. 반면에 "페미니즘이나 페미니스트에 거부감이 든다"고 답한 여성도 30%대에 이르렀고, 남성은 무려 넷 중 셋 (75%) 이상 거부감이 든다고 답했다. 페미니스트 정체성을 가진 여성 응답자가 30%대인 것과 별개로, "한국 사회의 여성차별이 심각하다"고 생각하는 90년대생 여성은 75.5%, 절반 세대 여성은 71.0%로 높았다. 반대로 "남성에 대한 차별이 심각하다"는 명제에는 90년대생 남성의 51.3%, 절반 세대 남성 49.8%가 동의했다. 여성차별이 심각하다는 데 동의한 남성은 30% 안팎이었다. 이 결과를 정리하자면, 정도 차이는 있지만 남녀 서로 '내가 더 차별 받는다'고 생각하는 것이다.

또한 교육 제도, 결혼 제도, 취업 기회 등 7개 항목에 대해 어떤 사회 제도가 특정 성별에게 불리한 것 같냐고 물었다. 그랬더니 초중고 교육과 대학 입시에 대에서는 남녀 및 세대와 무관하게 "남녀 간 차이가 없다"는 응답이 70~80%대로 나타나, 대체로 공정한 제도로 인식됐다. 하지만 남성들 절반(90년대생 48.7%·절반 세대 51.7%)은 "법 집행이 남자들에게 불리하다"고 답했다. 이는 성범죄 관련한 수사·재판 과정에서 남성이 불이익을 받는다는 의식이 반영된 것으로 보인다. 그 외 '결혼 제도'(90년대생 31.6%·절반 세대 22.0%)와 '취업 기회'(90년대생 27.0%·절반 세대 27.8%) 정도였다.

반면 여성들은 초중고 교육과 대입 제도를 뺀 나머지 5개 항목에 대해 '여성에게 더 불리하다'고 인식한 비율이 훨씬 높았다. ①승진 ②소득 ③취업 ④결혼 ⑤법 집행의 순서대로, 90년대생 여성의 ①91.1% ②83.5% ③74.7% ④73.0% ⑤45.6%가 이들 제도가 여성에게 더 불리하다고 인식했다. 절반 세대는 90년대생보다는 낮기는 하지만, ①85.5% ②73.9% ③69.7% ④53.1% ⑤46.5%가 여성에게 불공정하다고 봤다. 실제 사회생활을 해 본 90년대생 여성들이 직장과 결혼 문제에서의 불리함을 더 심각하게 인식하는 것이다.

우리가 연애를 하지 않는 이유

절반 세대는 결혼을 고민해 보기 시작하는 20대 후반 및 30대 초반에 비해 연애·결혼에 대한 압박은 덜 느끼는 반면, 막상 결혼을 해야 할 때의 경제적 조건은 더 중시하는 것으로 조사됐다. 절반 세대 인식조사에서, 절반 세대(조사대상 500명) 4명 중 3명에 해당하는 74%가 '현재 연애를 하지 않고 있다'고 답했다.

이들에게 연애를 하지 않는 이유(복수응답)를 물었더니 '적당한 상대를 만나지 못해서(86.1%)'라는 답이 가장 많았다. '연애의 필요성을 못 느껴서'라는 답이 51.8%에 달한 점으로 볼 때, 연애 상대를 만나려는 시도 자체가 많지 않은 것으로 봐도 무관하다. '필요성이 없다'고 말한 여성은 61.3%로 남성(43.7%)에 비해 약 1.4배 높았다. 연애를 해야 한다는 사회적 압박을 느꼈다는 응답도 24.4%에 그쳤다.

'연애는 결혼할 사람을 찾기 위한 과정'이라는 명제에 대해서도 절반 세대 여성과 남성의 생각이 갈렸다. 절반 세대 남성(59.1%)은 30대(54.4%)보다도 동의율이 높았던 반면, 여성은 38.6%만 찬성했다. 게다가 결혼에 대한 인식에서도 절반 세대 남성과 여성의 차이가 극명하게 드러났다. '결혼은 하는 편이 좋다'는 의견에 동의하는 절반 세대 남성 비율은

절반 세대가 연애 안 하는 이유

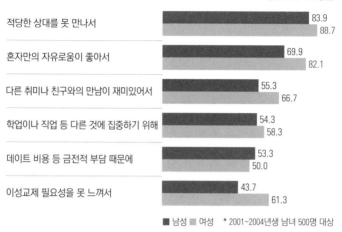

(단위: %, 복수 응답)

	남성	여성
적당한 상대를 못 만나서	83.9	88.7
혼자만의 자유로움이 좋아서	69.9	82.1
다른 취미나 친구와의 만남이 재미있어서	55.3	66.7
학업이나 직업 등 다른 것에 집중하기 위해	54.3	58.3
데이트 비용 등 금전적 부담 때문에	53.3	50.0
이성교제 필요성을 못 느껴서	43.7	61.3

■ 남성 ■ 여성　* 2001~2004년생 남녀 500명 대상

53.7%였는데, 이는 같은 세대 여성(26.1%)의 2배였다. 절반 세대 여성 59.8%는 '결혼하지 않고 평생 연애만 해도 괜찮다'고 답했지만, 여기에 동의하는 남성은 38.2%에 그쳤다. '결혼하지 않고 평생 혼자 살아도 된다'는 의견을 가진 절반 세대 여성은 77.6%, 남성은 50.2%였다.

결혼 전 동거에 찬성하는 절반 세대의 비율은 80.4%로 매우 높았다. 함께 실시된 90년대생 조사에서 나온 찬성비율(72.4%)보다 높아 선배 세대보다 더 개방적인 인식을 가진 것으로 나타났다. 결혼을 하지 않고 동거만 하며 사는 것도 좋다는 의견에 대해서도 절반 세대(55.6%)가 밀레니얼 세대

(52.2%)보다 높았다. 경제적인 면에 대한 가치관을 봤을 때 절반 세대가 앞선 세대보다 결혼의 경제적 조건을 중시하는 경향도 발견됐다. '소득, 자산 등 경제적 능력이 결혼 상대를 고르는 중요한 조건'이라는 명제에 대해 30세 전후인 90년 대생은 79.4% 동의했고 절반 세대는 85.2% 공감했다. 절반 세대 남성은 결혼에 필요한 부동산 등 자산을 준비하는 데 여전히 많은 부담을 느끼는 것으로 나타났다. 이 세대 남성 절반 이상은 결혼을 하려면 자기 집(54.4%)과 자가용(54.1%) 이 있어야 한다고 답했다. 반면 절반 세대 여성이 해당 질문 에 동의한 비율은 각각 38.6%, 34.9%였다.

5

저출생 원년 2002년

대한민국의 2002년은 도전, 영광, 신화의 한 해였다. 여름은 월드컵으로 달아올랐고, 겨울은 겨울대로 16대 대선 때문에 뜨거웠다. 20세기에 1988년이 있었다면, 21세기엔 2002년이 있었다. 그런데 이 해 전국의 산부인과에서는 뭔가 예전과 다른 일이 벌어지고 있었다. 아기 울음소리가 뚜렷하게 잦아들었다. 그땐 몰랐지만 나중에 통계로 보니 2002년 출생아 수는 전년(56만 명)에 비해 크게 줄어, 통계 집계 사상 처음으로 40만 명대(49만 6,000명)로 추락했다.

지나고 보니 2002년은 저출생 원년이었다. 그때 무슨 일이 있었던 걸까? 당시 젊은이들은 어떤 이유로 아이 낳는 걸 꺼리게 된 것일까? 절반 세대의 탄생 기원을 되짚어보기 위해 저출생 흐름이 감지되었던 1990년대 후반부터, 저출생이 완연하게 고착된 2010년 정도까지 청춘을 보낸 이들을 만났다. 질문 대상은 현재 30대 중후반에서 50대 초반 중 비혼·싱글, 무자녀, 한 자녀 가족의 삶을 살고 있는 10명이었다. 그들에게 물었다.

"결혼해서 아이 둘 낳고 사는 '4인 가족 패러다임'을 벗어난 이유가 무엇이었나요?"

70년대생부터 이미 변화는 시작되었다

'연애는 필수, 결혼은 선택, 가슴이 뛰는 대로 가면 돼' 김연자의 노래 가사는 이미 굳어진 사회 현상을 반영한 결과였다. 2000년을 전후로 이미 결혼과 출산에서는, 느리지만 거대한 패러다임 전환이 시작됐다. 결혼은 '모두가 하는 필수'에서 '행복을 위한 선택'으로 변했다.

1972년생으로 아이 없이 사는 딩크족(맞벌이 무자녀) 김승환(51) 씨도 그런 변화가 있었다고 기억했다. "저는 마흔 넘어 결혼했어요. (딱 제가 결혼 적령기일 때) 결혼을 안 하거나, 늦게 하는 경향이 급격하게 나타났죠." '애플민트'라는 브런치 필명을 쓰는 1977년생 여성(46)도 그때 뭔가 달라졌다고 말했다. "저희 또래가 변화의 시작 같아요. 엄마 세대는 가부

장적 환경에 적응된 삶을 살았다면, 전 남녀가 평등하다, 여자도 자아실현하며 살아야 한다고 배웠죠. 물론 교육과 현실 간 괴리는 있었어요. 골드미스란 말도 있었지만, 저 역시 30대 초반이 넘어가니까 남들은 다 하는 숙제(결혼)를 나만 못 하고 있나 초조했으니까요."

승환 씨의 말처럼 통계를 봐도 결혼을 선택으로 여기는 사실상의 첫 세대가 지금의 40대와 50대다. 2022년 통계청 사회조사에 따르면 남성 17.6%, 여성 13.0%만 '결혼을 반드시 해야 한다'고 답했는데, 60대 이상으로 가면 '꼭 결혼해야 한다'고 답한 비율이 30%를 넘어 그 아래 세대에 비해 훨씬 더 높게 나타난다.

40대와 50대의 결혼 인식 변화는 실제 행동으로 나타났다. 한국보건사회연구원의 '한국의 혼인과 출산 생애 분석과 정책 과제' 보고서에 따르면 40세 여성을 기준으로 할 때, 1944년생은 미혼율이 1%, 1954년생은 2%, 1964년생은 4%로 매우 낮았다. 반면 1974년생은 마흔에 미혼인 비율이 약 11%로 10살 많은 그 전 세대보다 3배가량 늘었다. 이러한 데이터를 기반으로 봤을 때 생애 미혼율(50세까지 결혼하지 않은 비율)이 높은 일본(2020년 남 25.7%·여 16.4%)처럼, 한국도 조만간 '초싱글사회'가 도래한다는 전망이 많다.

시간이 지나면 결혼을 괜찮은 선택지로 여기는 세대가

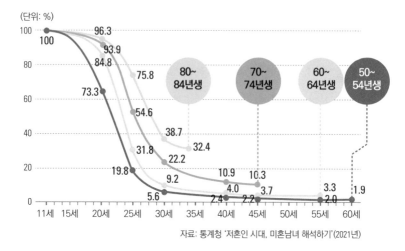

출생 시기별 여성의 미혼율

(단위: %)

100

96.3

93.9

84.8

80~84년생

70~74년생

60~64년생

50~54년생

75.8

73.3

54.6

38.7

32.4

31.8

22.2

10.9

10.3

19.8

9.2

4.0

3.7

3.3

1.9

5.6

2.4

2.2

2.0

11세 15세 20세 25세 30세 40세 45세 50세 55세 60세

자료: 통계청 '저혼인 시대, 미혼남녀 해석하기'(2021년)

다시 출현하지는 않을까? 물론 시대가 바뀌면 가치관도 바뀔 수 있지만, 지금 통계만 봐서는 그럴 가능성은 낮아 보인다. 2022년 조사에서 '반드시 결혼을 해야 한다'고 말한 비율은 10대(13~19세)는 세대를 통틀어 5.1%로 가장 낮고, '해도 좋고 안 해도 좋다'는 의견은 56.8%로 가장 높았다.

"한때 결혼하려던 사람도 있었지만, 서른 중반부터는 혼자 지내는 게 훨씬 즐겁고 편해요. 하고픈 것도, 놀 것도 많습니다. 누군가 만나서 데이트하고 싶은 생각은 전혀 들지 않아요. 주말에 좋아하는 음악 감상하며 술도 마시고, 취미 생활하는 걸로도 이미 충분히 만족스럽고 행복하니까요."

- 1984년생 자발적 싱글 남성 송영성 씨

이러한 인식의 변화는 통계로 증명됐다. 그런데 왜 하필 그때부터였을까.

IMF와 '결혼은 미친짓이다'

이에 대해서는 1997년 외환위기 이후에 찾아온 경기 침체와 경제 불안 탓에, 그 시기의 2030세대가 결혼과 출산을 미루거나 포기했다는 분석이 많다. 이상림 보건 사회연구위원은 "외환위기 이후 1999년 전후로 구조조정과 청년 실업이 본격화하면서 그 여파로 2002년부터 '저출생 1세대'(절반세대)가 출현했다"고 말했다.

그래서 서서히 '결혼은 미친 짓'이 됐다. 1996년 43만 4,900건이던 혼인 건수는 1997년 10% 급락해 38만 9,000건이 됐다. 2000년부터 2015년까지는 30만~35만 건 박스권에 머물다가, 2016년 30만 건이 무너진 뒤로 줄곧 하락해 2022년 19만 2,000건으로 역대 최저를 기록했다. '정상 가족' 안에서 태어나야 제대로 사람 대접을 받는 한국 사회의 특성상, 결혼이 줄어드니 자연스레 출산도 감소했다. 동거

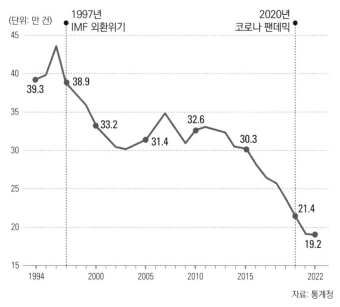

연도별 혼인 건수

(단위: 만 건)

1997년
IMF 외환위기

2020년
코로나 팬데믹

39.3

38.9

33.2

31.4

32.6

30.3

21.4

19.2

자료: 통계청

IMF 직전인 1996년 43만 4,911건을 찍었던 혼인 건수는 한 세대 뒤인 2022년 19만 1,690건으로 반토막이 났다.

커플이나 여성이 혼자 아이를 가지는 혼외·비혼 출산은 굉장히 드물다. 경제협력개발기구(OECD) 평균 비혼 출산율은 약 40%인 반면, 한국 혼외출산율은 2.9%(2021년 기준)이다.

1970년대생 여성부터 교육 수준이 크게 상승하고, 경제활동참여율도 높아진 점 역시 영향을 미쳤다는 분석이다. 이들 또래는 미혼율 상승은 물론 아이를 낳지 않는 기혼 여성도 많아졌다. 통계청 자료에 따르면 출생 코호트(동일집단)별

기혼 여성의 미출산율을 분석한 결과, 30세에 50~54년생은 미출산율이 7.8%였던 반면 70~74년생은 23.2%, 80~84년생은 40.1%로 나타났다. 결혼을 해도 아이를 낳지 않는 부부도 계속 증가 추세다. 80년대생 기혼 여성에게 왜 아이를 가지지 않는지를 물었다.

> "전 애초에 갖고 싶다는 생각을 해본 적이 없어요. 저 하나 돌보기도 힘들고, 회사 다녀오면 '오늘 큰일 해냈다' 농담처럼 그러거든요. 남편은 아이에게 쓸 돈 우리가 쓰자는 주의고요. (아이 없이 맞게 될) 노후 걱정이 없지는 않지만, 철저히 제 노후만 위해 애를 낳겠다는 발상은 너무 미안한 일 아닌가 싶어요."
>
> - 1989년생 딩크 여성 박승은 씨

1974년에 나온 산아제한 공익 광고를 보면 '딸·아들 구별 말고 둘만 낳아 잘 기르자'는 구호가 적혀 있지만, 1980년대 중후반부터 1990년대 초반까지는 여전히 남아 선호 현상 탓에 여아 선별 낙태가 성행했다. 이 세대의 출생 성비는 113~116명으로 불균형이 극심하다. 그 여파로 2016년을 전후로 '2차 인구 절벽'이 발생했다는 분석이 많다. 2016년 전후로 나타난 저출생 고착화의 원인을 과거 남아선호 사상에서 시작된 이러한 선별 낙태에서 찾는 의견도 있는 것이다.

1974년 산아 제한 공익 광고포스터   자료: 국가기록원

산아제한 정책이 강하게 전개되는 1980년대 후반~1990년대 초반에는 여아를 임신하면 낙태를 하는 경우가 많아, 당시 출생 성비는 113~116(여성 100명당 남성 수)까지 치솟았다. 강제로 성별을 선택하지 않았을 때의 자연 성비가 105 정도인 것을 감안하면, 선별 낙태가 꽤나 횡행했다는 사실을 알 수 있다.

조영태 서울대 인구정책연구센터장의 설명은 이렇다. "2017년 출생률 감소 원인 중 하나는 여아 낙태의 영향도 있고요. 2017년생의 부모 세대 격인 1988년생 숫자 자체가 적었습니다. 1982년생이 84만 8,000명인데, 1988년생은 63만 3,000명이니까요." 최종균 보건복지부 인구정책실장도 구조적 요인을 지적했다. "2015년 즈음 2차 인구 절벽 시기에 가임 여성 규모 자체가 줄었고, 이때부터는 결혼해도 아이를 안 낳는 경향이 나타납니다. 둘째 셋째 문제가 아니라 첫아이부터 안 낳는 거죠."

여기에 경제적 불평등 심화도 주요한 사회적 요인이 된다. 보건사회연구원의 '최근 분배 현황과 정책적 시사점'(2021) 보고서에 따르면 경제 불평등 정도(지니계수)와 합계출산율은 역의 상관관계를 보인다. 즉, 경제적인 불평등이 누적될수록 출산에 부정적 영향을 미친다고 추정할 수 있다. 불평등 지수는 1997년 외환위기 이후 악화 추세다.

특히 남성은 소득 수준별로 혼인 가능성에 큰 차이가 난다는 연구 결과도 있다. 한국노동연구원 '노동과 출산 의향의 동태적 분석'(2022) 보고서에 따르면 40대 초중반의 소득 1분위는 96%가 결혼한 반면, 하위 10분위는 58%만 결혼한 것으로 나타났다. 곽은혜 부연구위원은 "남성 임금의 불평등도가 커지면, 결혼에 필요한 소득 수준에 미치지 못하는 남성이 늘어 결혼 가능성을 낮추는 것으로 나타났다"고 설명한다. 1972년생 딩크 남성 김승환 씨의 생각에도 소득·자산과 출산의 상관관계는 적지 않다. "1960년대 후반 나이대의 형들을

지니계수와 합계출산율의 관계

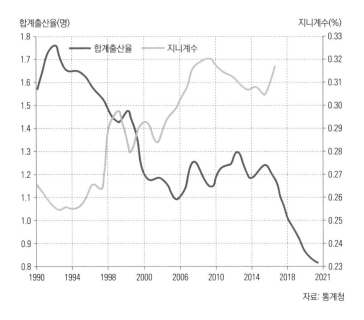

자료: 통계청

보면, 학벌이 막 좋지 않아도 취직이 그렇게 힘들지는 않았어요. 대기업-중소기업 임금 격차도 안 심했고요. 그런데 IMF 이후에는 대기업에 취직한 애들과 아닌 애들 임금 격차가 금방 벌어지더라고요. 계급 대물림은 갈수록 더 심해지고, 결국 먹고사는 문제 해결이 안 되니 결혼을 안 하려고 하겠죠."

한편, 무자녀나 한 자녀를 택한 1970·80년대생 여성들은 그 이유로 '여성에게 우선적으로 부과되는 육아의 책임'과 그에 따른 '커리어에 대한 악영향'을 들었다. 결혼 8년 차

절반 세대가 온다

무자녀 주말부부인 박연정(34)씨는 아이는 좋아하지만 낳을 엄두는 나지 않는다고 말했다. "제가 애는 정말 좋아하거든요. 다만 제대로 못 키울 바에 아예 낳지 말자는 주의에요. 직장 특성상 근무지가 몇 년마다 바뀌다 보니, 태어날 아이에게 미안할 것 같더라고요. 남편이 키우면 되지 않냐는 분도 있지만, 저도 편견일지 몰라도 '완벽하게 육아하는 남편'을 본 적이 없어요. 그리고 사회생활하며 본 건 '육아는 전부 엄마 책임'이라는 거였죠."

1980년생에 태어나 한 자녀를 둔 워킹맘 최윤정 씨(43)도 비슷한 이유로 둘째를 포기했다고 한다. "결혼 전부터 직장 생활하려면 하나만 낳아야 되지 않을까 막연하게 생각했는데, 실제 낳아보니 둘은 도무지 안 되겠더군요. 회사가 육아휴직을 자유롭게 쓰기 어려운 분위기라, 출산 휴가 3개월만 쓰고 바로 복직했어요."

저출생 2세대의 등장

이렇게 구조적으로 시작된 저출생 현상은 사회적 요인, 즉 여성에 집중된 돌봄·소득 불평등 심화를 개선하지 못하면서 완벽하게 고착화했다. 2015~2017년부터 다시 합계출산율이 하락하며 저출생 2세대가 등장한 것이다. '2세대 출현'에 대해서는 헬조선 담론, 소셜미디어 사용 증대, 과시적 소비문화 등 전문가마다 지목하는 원인이 다양하다. 이상림 연구위원은 두 가지를 언급했다. "청소년기에 외환위기를 겪으며 가족의 친밀성과 효용성을 체감하지 못했던 80년대생이 이때 결혼 적령기였죠. 또 다른 이유로는 2015년 전세값 폭등으로 청년들이 근로소득으로는 주거 장만이 어려운 상황이 됐어요."

금수저, 은수저, 흙수저라는 말이 작은따옴표도 없이 쓰일 정도로 널리 통용되는 사회다 보니, 아이의 미래가 부모의 재력에 휘둘리는 경향도 심해졌다. 아이 수는 줄었지만 쏟아야 할 노력이나 투자는 훨씬 커졌다. 그런 상황에서 아이 낳기가 훨씬 부담스러워졌다. 자녀가 있든 없든, 빠지지 않고 언급된 저출생의 원인 중 하나가 '사교육비 부담'이었다. 1981년생 엄마 정혜림(42) 씨는 "영유(영어 유치원) 말고 일반 유치원을 보내도 월 50만 원에, 놀이수학·독서토론·태권도 같이 주 1회 다녀오는 것만 보내도 100만 원 돈"이라며 "영유를 보냈다면 200만 원 들었을 것"이라고 말했다. 이에 대해 신경아 한림대 사회학과 교수는 "한국 사회는 경쟁 압력이 심하고 사회보장 수준이 약하다 보니 여전히 교육을 통해 자녀의 학력 자본(학벌)을 만들어 중산층 이상의 삶을 누리도록 하는 게 부모의 사명이고 책임이라는 인식이 강하다"고 설명했다.

가족의 모양은 다양하다. 부부와 자녀 둘이 사는 4인 가구 모델은 더 이상 주류가 아니다. 취재를 위해 서울 인근의 한 쇼핑몰 앞에서 만난 두 가족 모습은 전혀 달랐다. 한 쪽은 결혼 3년차인 1990년대생 부부와 '개모차'에 탄 반려견 베리였다. 부부는 "자녀 계획은 있지만 당장은 생각이 없다"며 "한국이 아이 키우기 좋은 환경은 아닌 것 같아 딩펫족(아이 없이 반려동물을 키우는 부부)도 좋은 것 같다"고 말했다. 또 다른 쪽은 결혼 9년차인 80년대생 부부와 두 살배기 둘째 딸의 모습이었다. 83년생 아빠는 "부모님을 생각하면 아이를 낳는 게 최소한의 효도"라면서도 한편으로는 "외벌이로 부모 도움 없이 가족을 부양하는 건 현실적으로 어렵기는 하다"고 말했다.

이 글을 쓰기 위해 취재하며 만난 10명 중엔 '젊을 때부터 확고한 딩크였다'거나 '혼자 사는 게 편하다'고 말한 이도 있었다. 그러나 어쩌다 보니 싱글이라거나 여유가 있었으면 두 명 낳았을 것이라고 말하는 이도 있었다. 비혼과 무자녀라는 선택을 사실상 '강요당한' 사람도 있다는 말이다. 그래서 그들에게 물었다. "만약 그때 당신이 어떤 조건이었다면, 아이를 낳았을 것 같은가요?"

그중에 가장 많이 언급된 것이 미래에 대한 확신 얘기였다. 1989년생 딩크 박연정 씨(34)는 "(전국에서 가장 높은) 세종시 합계출산율만 봐도 안정적 직장, 아이 낳고도 커리어지장 없다는 확신이 있어야 아이를 낳는다"며 출산장려금 500만 원 일시 지원, 이런 걸로는 사실 미래를 계획할 수 없다"고 말했다. 그에 이어 아이를 낳으려는 이들을 뒷받침하고 도와주는 사회 분위기가 필요하다는 말들도 나왔다. 필명 '애플민트'를 쓰는 1977년생 딩크 여성은 출산은 개인의 선택이니 안 낳겠다는 사람에 대한 가치판단을 할 문제가 아니며 어떤 가족 형태든 아이를 낳고 기르려는 사람들을 응원하고 도와주는 사회가 돼야 한다고 강조했다. 육아에 도움 받기 어려운 게 이유라는 푸념도 여전했다. 1982년생 딩크 김예현 씨(41)는 조부모의 도움 없이 육아가 어려운 대한민국을 바꿔야 한다며 "(제가 다니는) 여성친화적 기업에서도 힘든데 소규모 기업에서 얼마나 많은 여성들이 눈치 보며 출산과 육아를 하고 있을지 생각하면 안타깝다"고 말했다.

정부가 돈을 퍼부었지만 실제론 한 게 없다는 따끔한 지적도 있었다. 결혼할 생각이 사라졌다는 1985년생 싱글남 강하늘(38) 씨의 얘기다. "정부나 정치권에서 저출생이 문제라 말은 하지만 제가 봤을 땐 한 게 없어요. 공급자(정부) 입장에서 생색내기 좋은 정책만 많이 냈으니 반응이 없죠. 제가 인사 담당자로서 보면 IT 대기업 어린이집 같은 곳은 정말 좋거든요. 이런 걸 국가가 맡아서 해줘야 하는데, 실제론 경제적 불평등만 커지니까 애를 더 못 낳는 거겠죠. 저는 진짜 자녀 가진 분들이 아이 잘 키울 수 있도록 도움이 된다면, 돈이 투명하게만 쓰인다면, 요즘 얘기 나오는 '싱글세'도 부담할 용의가 있어요. 인구가 늘면 저도 그 혜택을 함께 누릴 테니까요."

점점 늦게 어른이 되는 사람들

"사실 지금 저 하나 건사하는 것도 쉽지 않아요. 결혼도 안 할 거라 결심했지만, 출산은 정말 '누가 칼 들고 협박'해도 못할 것 같아요. 16년 서울살이하며 깨달은 건 대도시에서 주거불안에 시달리는 것만큼 고통스러운 게 없다는 거였어요. 그래서 안정적인 주거가 선결 조건이라 생각하는 거예요. 방3 화2 아파트 바라지도 않아요. 서울은 둘이서 살 집도 기본 10억이 넘으니 '이번 생은 글렀다' 싶은 거죠."

- 비혼·비출산 의향인 1990년생 박민우 씨

확고한 '노키즈'라는 1990년생 남성 박민우(33) 씨. 서울의 괜찮은 대학을 졸업해 내로라하는 회사에 다니고, 사랑하는 여자친구도 있건만 현재 그에게 결혼·출산은 "살아 생전

절대 안 할 것 같은 일"이다. 일단 가정 형편상 신혼집 장만에 도움을 받기 어렵다. 또 입시 경쟁에 고통 받던 자신의 청소년기를 돌이켜보면 더 그렇다. 계층 이동 사다리가 붕괴된 한국 사회를 생각하면 출산은 '도무지 못 할 일'이 된다. "한 사람의 우주를 만들어 가는 숭고한 일이, 적어도 이런 환경에서는 이뤄져서는 안 된다는 확신이 있어요."

30년, 딱 한 세대를 돌이켜보면 그동안 한국인의 생애주기는 역사상 이런 사례가 있었나 싶을 정도로, 매우 극적인 지연 현상을 경험했다. 1990년대엔 30줄에만 들어서면 노총각, 노처녀 딱지가 붙었지만, 현재 미혼 30대는 소수가 아닌 주류다. 2020년 통계청 인구총조사에 따르면 30대 남성 중 절반(50.4%)이, 30대 여성 셋 중 하나(32.7%)가 미혼이었다. 애초에 청년 스스로 '성인이 됐다'고 느끼는 시기가 늦다. 민법상 성인은 19세지만, 최근 실시된 한 연구에 따르면 청년들이 '자주 또는 항상 성인이 됐다고 느낀다'고 답하는 나이는 평균적으로 28세였다(유민상 한국청소년정책연구원 연구위원, '성인 이행기 청년의 결혼·출산 인식과 함의'). 돌봄이 필요한 청소년에서 사회경제적으로 자립한 성인이 되기까지의 과도기인 '성인 이행기'가 길어질수록 결혼과 출산도 늦어진다.

평균 초혼 연령도 1990년 남자 27.8세, 여자 24.8세에서 2000년 남자 29.3세, 여자 26.5세로 늦춰지더니, 2022년엔 남자 33.7세, 여자 31.3세까지 올랐다. 남녀 모두 서른 지나서 결혼하는 것이 보편적이다. 혼외 출산 비율은 2%대로 극히 낮은 한국에서는, 결혼이 밀리면 자연히 출산도 밀린다. 임신 준비 시기가 늦어지면 생물학적 제약이나 사회문화 영향으로 한자녀나 무자녀인 가정이 늘어나게 된다. 그와 함께 평균 초산 연령도 오름세인데, 경제협력개발기구(OECD) 국가들과 비교해도 급격한 상승세다. OECD '2022 한국 경제보고서'에 따르면 한국의 초산 평균 연령은 1993년 26.23세에서 2020년 32.30세로 27년 만에 6.07세 올랐다. 같은 기간 미국은 2.7세(24.4→27.1세), 영국은 3.3세(25.8→29.1세), 일본은 3.5세(27.2→30.7세) 오른 것에 비하면 더욱 그렇다. OECD는 "한국 여성들이 일과 가정 사이에서 냉혹한 선택에 직면해 출산 등을 미루고 있다"고 분석했다.

산모의 고령화로 최근 10년 사이 20대 분만은 63%(10.5만→3.8만 건), 30대 분만은 38%(30.3만 →18.5만 건) 감소한 반면, 40대 분만만 유일하게 43.4% 증가(1.3만→1.9만 건)하기도 했다(신현영 더불어민주당 의원실). 유민상 연구위원은 "성인 이행기가 고등교육 보편화와 노동시장 진입 연령 상승 등으로 길어진 점은 고려하지 않고, 청년들에게 과거와 같은 방식의 결혼과 출산 선택을 요구하는 건 효과적이지 않다"고 말했다. "출산을 강권하는 캠페인이 아니라 결혼과 출산을 원하지만 못하고 있는 이들에 대한 적극적인 지원이 필요하다고 지적했다. 이를 위해 니트(NEET·학업이나 직업훈련을 받지 않는 미취업 상태) 청년 지원, 학자금 대출 상환 기간 단축 등 청년의 경제적 자립과 자산 형성을 돕는 정책이 결과적으로 성인 이행기를 단축시켜 출생률 제고에 도움이 될 것이라고 강조했다.

제3부

앞으로의 세계를 재구성하다

1

내 가족은 내가 선택하는 것
:가족

한국의 2022년 합계출산율은 역대 최저인 0.78을 기록했다. 이에 국제사회도 한국의 심각한 저출생 현상에 주목하고 있다. 프랑스 1.8 대 한국 0.78. 2022년 프랑스와 한국 각각의 합계출산율(여성 1명이 평생 낳을 것으로 기대되는 평균 출생아 수)이다. 2022년 출생아 수로 보면, 프랑스에선 72만 3,000명이 태어났고 한국에서는 24만 9,000명이 태어났다. 프랑스 인구(6,800만 명)가 한국(5,163만 명)보다 많다는 점을 감안해도 차이가 크다.

프랑스는 유럽연합(EU) 회원국 27개국 중 합계출산율 1위다. 경제협력개발기구(OECD) 회원국 38개국의 평균인 1.59명(2020년 기준)보다 높다. 프랑스도 한때 저출생 문제로 고민했었다. 1950년 2.93이었던 합계출산율이 1993년 1.65까지 꺾이자 적극적으로 출생률 부양책을 폈다. 그중에서도 '혼외 출생을 제도적으로 차별하지 않는 정책'을 펼친 것이 가장 큰 효과를 보았다. '시민연대계약(팍스·PACS, Pacte civil de solidarité)'을 맺은 동거 커플에게 결혼한 커플과 똑같은 출산·육아 지원을 하는 정책이 대표적이다. 1999년에 도입된 팍스는 '결혼은 싫은데 아이는 갖고 싶은' 남녀 모두에게 유효한 대안이었다. 이러한 정책을 펼친 후 프랑스는 2010년대 출생률이 2명대까지 올랐다.

아이를 낳아도 인생이 망가지지 않을 것

프랑스에서 2022년 태어난 아이의 63.8%가 혼외 출생아였다. 비혼 출생의 비중은 2002년 45.2%에서 2012년 56.7%로, 2022년 63.8%까지 계속 늘어왔다. 프랑스의 경우에서 확인했듯 '혼외 출생의 제도권 편입'은 출생률을 높이는 빠른 대안이라고 전 세계 전문가들은 입을 모은다. 그러나 한국에선 거부감이 상당하다. 저출생 문제 해결이 시급하다면서도 혼외 출생은 비윤리적인 행위로 보는 경향이 큰 탓이다. 건강가정기본법도 혼인이나 혈연으로 연결돼야 이른바 '정상 범주의 가족'이라고 규정하고 있다. 한국의 혼외 출생 비율은 2021년 기준 2.9%에 불과하다.

'0.78'이라는 절박한 숫자 앞에서 다양한 해법, 특히 검증된 해법을 연구하는 것은 필요한 일이다. 프랑스의 혼외 출생 장려 정책이 출생률 상승을 어떻게 견인했는지를 알아보기 위해 파리의 유자녀 비혼 시민들과 출생 정책 전문가들의 이야기를 들어보았다.

① 결혼은 하지 않아도 출산은 할 자유를 허하라

일반적인 사람들의 생각을 알아보기 위해 파리 중심부의 튀일리 정원을 걷고 있던 아이를 동반한 성인 10명에게 '프랑스에서 혼외 출생은 자연스러운 일입니까'라고 물었다. 그러자 결혼한 4명, 동거 중이거나 팍스 계약을 맺은 5명, 베이비시터 1명 모두 이 질문에 대해 "그렇다"고 답했다.

이에 대해 프랑스 국립 인구통계학연구소(INED)의 로랑 툴르몽 선임연구원은 인터뷰에서 "결혼과 출산을 '선후관계가 있는 하나의 패키지'로 보지 않고 '개별 사건'으로 보기 때문"이라고 말했다. 혼외 출생과 결혼 내 출생을 차별하지 않는다는 것이다. 프랑스에선 출산 수당, 입양 수당, 양육 지원금 등 정부의 각종 혜택을 부모 또는 가족이 아닌 '아이'를 기준으로 준다. 한부모 가족 비율도 높아서 2020년 기준 전체 가족 중 4분의 1을 차지했다.

14세 딸을 키우는 팍스 파트너 마리 발레로(48)와 알렉스 베나마르(49)에게 결혼하지 않는 이유를 물었다.

"결혼식을 올리고 서류에 '남편'과 '아내'로 기록되는 것에 우리 가족은 큰 가치를 두지 않아요. 중요한 건 '우리'니까요. 결혼하지 않았어도 우린 서로를 가족으로 부르고 아낍니다."

한국에선 결혼을 해야 아이를 낳거나 기를 수 있는 자격이 생긴다는 인식이 저출생을 심화시키는 중요한 요인으로 꼽힌다. 2022년 한국의 결혼 건수는 19만 2,000건, 조혼인율(인구 1,000명당 결혼 건수)은 3.7건이었다. 두 수치 모두 1970년 통계 작성 이래 최저치였다. 수치가 이렇다 보니 '결혼을 전제로 한 출산'을 권하는 현행 제도의 효과는 떨어질 수밖에 없다.

하지만 청년층의 인식은 서서히 바뀌고 있다. 여성가족부의 2020 가족실태조사에 따르면 '결혼을 하지 않고 아이를 낳는 것에 동의한다'는 응답 비율이 15.4%였는데, 이는 2015년 9.4%보다 상승한 것이다. 특히 12~19세(2015년 9.6%→ 2020년 20.7%), 20~29세(8.3%→23.0%), 30~39세(13.0%→18.3%) 등 가임기 혹은 예비 가임기 응답자들의 인식이 많이 달라졌다.

② 다양한 삶의 형태를 인정할 것

팍스 파트너인 발레리와 함께 두 자녀를 키우는 로랑 자리지(54)는 이렇게 말했다.

"결혼할 생각도, 아이를 키울 생각도 없었어요. 자유롭고 싶었거든요. 발레리를 사랑하기에 늘 같이 있고 싶어서 동거를 택했고, 그러다 자연스럽게 '아이를 가지면 어떨까' 생각했어요. 그렇게 아들 레뉴(11)와 딸 렝캬(6)를 낳았죠. '가족은 이래야만 한다'는 압박이 없었기 때문에 오히려 출산을 고려할 여유가 생겼어요. '발레리를 사랑하면 결혼을 하고, 결혼을 했으니 자녀를 낳아라'는 압박을 느꼈다면 주저했을 거예요."

이들의 말에 의하면 "결혼한 남성과 여성으로 구성된 부모와 이들이 낳은 자녀로 이뤄져야 가족"이라는 프레임이 없었기 때문에 아이 낳을 기회를 처음부터 포기하지 않았다는 것이다. 김영철 서강대 교수는 한반도미래인구연구원 주관 세미나에서 "경제협력개발기구 회원국의 혼외 출생 비율과 합계출산율 사이에 39%의 상관관계가 있다"는 분석을 토대로 "유연한 가족제도의 도입이 적극적인 합계출산율 방어 수단으로 기능할 수 있다"고 말했다.

팍스는 동성 간 결혼이 허용되지 않았던 시기에 동성 커플을 결혼한 것에 준하는 파트너로 인정해 법적으로 보호하겠다는 취지에서 도입된 것이었다. 하지만 결혼 제도에 대한 부담 때문에 팍스를 원하는 이성애자도 많았다. 2021년 팍스 체결 건수는 20만 9,000건으로, 1999년 법 제정 후 최고치를 기록했다. 이는 결혼한 이들의(21만8,000건) 수치와 거의 비슷하다. 그리고 팍스 커플의 출생률 역시 1.73명으로, 결혼 커플과 비슷하다(2019년 기준).

프랑스인 르 손(37)은 정부에서 출산·육아 지원을 받기 위해 팍스를 택한 경우다. "팍스를 통해 경제적으로 좀 더 여유가 생겼어요. 아이를 키우는 데도 큰 문제가 없고요. 팍스 때문에 손해 봤다고 생각한 적은 한 번도 없습니다."

한국에도 팍스와 비슷한 취지의 '생활동반자법안'이 2023년 4월 발의됐지만, 반대 여론이 많다. 가족 개념을 유연하게 만들면 사회 시스템이 흔들린다는 것이 반대 논리다. 팍스 파트너와 아이를 낳은 프랑스인 래티샤 부체는 이렇게 말했다. "가임 기간은 정해져 있잖아요. 아이를 갖고는 싶었는데 파트너와 결혼할 정도의 확신은 없었어요. 그래서 일단 2007년에 팍스를 체결한 뒤 2009년과 2014년에 두 아이를 낳았습니다. 살면서 파트너에 대한 확신을 얻었어요. 조만간 결혼하려 합니다."

이른바 '정상 가족' 신화를 깬다고 출생률이 곧바로 올라가는 것은 아니다. 가족을 설계하고 구성할 수 있는 개인의 선택을 존중하는 것은 저출생 문제 해결의 필요조건 중 하나일 뿐이다. 결혼과 출산을 인생의 걸림돌로 느끼게 하는 제도와 문화를 바꾸는 것이 근본적 해법이라고 전문가들은 조언했다.

툴르몽 INED 선임연구원이 한국 사회 특수성을 고려해 제안한 내용은 이렇다. "우선은 일 때문에 부모가 아이를 돌보지 못하는 환경을 바꿔야 합니다. 그리고 출산과 양육 부담을 더 많이 떠안은 여성이 '아이를 낳아도 삶이 망가지지 않을 것'이라고 확신할 수 있게 해야 하며, 이를 위해서는 가정과 직장의 성차별 해소가 필수적입니다. 또한 부모가 '좋은 부모' 강박에서 벗어나게 해주는 것도 중요합니다. 그를 위해서는 양육과 교육의 책임을 국가의 어깨에 둬야 하고, 공정하고 평등한 교육 기회를 제공해야 합니다. '아이를 낳으면 돈을 주겠다'는 식의 단발성 접근은 독과 마찬가지입니다. 오히려 '저 돈을 보상으로 받고 난 뒤엔 지옥행인가'라는 인식을 퍼뜨릴 수 있기 때문입니다." (자료: 프랑스 국립통계경제연구소, 한국 통계청)

정상 가족의 신화를 해체하라

"정말 예쁘죠. 그런데 빨리 어린이집 가야 하는데 자기

입고 싶은 옷이 아니라고 고집부릴 때는 밉기도 해요.(웃음) 그냥 다른 가족들과 똑같아요."

제주에 사는 강경필(54)씨는 마흔셋에 동갑내기 아내와 결혼했다. 몇 년간 시험관 시술 등을 시도했지만 아이를 갖지 못했고 입양을 결심했다. 그렇게 2019년 첫째를, 2년 뒤인 2021년에 둘째를 만났다. 주민 절반 이상이 노령인 250여 세대의 작은 마을에 살다 보니 아기 울음소리는 마을의 경사였다. 그럼에도 주민들의 사소한 말 한마디에서 입양에 대한 편견이 드러나곤 했다. 주변 사람들이 하는 "대단하다"는 말도 그를 불편하게 했다. 경필 씨가 입양을 한 건 경제적 여유가 있어서도, 아이가 불쌍해서도 아니다. 아이와 함께 가족을 꾸린 것뿐이라고 단호히 말했다.

우리 사회에 공기처럼 스며 있는 정상 가족 신화. 그 편견은 경필 씨가 겪은 일처럼 사소한 행위와 호의로 포장된 말에서 드러난다. 현실에서는 입양 가족이나 한부모·동거 가족 등 다양한 가족 형태가 존재하는데도 그들은 마치 '다른' 범주인 것처럼 여겨진다. '이성 간 혼인과 혈연관계가 있는 자녀로 이뤄진 가족'만이 여전히 가족으로 간주된다.

하지만 이런 전통적 개념의 가족은 해체되고 있다. 2011년 이후 꾸준히 내리막이었던 혼인 건수는 2021년 처음 20만 건대가 붕괴됐다. 한편, 비친족가구(가족이 아닌 이들이 함께 사는 5인 이하의 가구)는 2015년 20만 가구대에서 지속적으로 증가해 2021년 47만 2,660가구를 기록했다. 2세대 가구(부부-자녀·한부모 포함)는 2000년도 63.3%에서 2020년 44.0%까지 줄어든 반면 같은 기간 1인 가구와 1세대 가구 비율은 29.7%에서 50.3%까지 급증했다.

그럼에도 사회는 여전히 정상 가족 범주에서 벗어난 이들을 색안경을 끼고 본다. 비혼으로 입양한 두 딸을 키우는 백지선(50)씨는 첫째의 초등학교 입학 당시 아빠 이름을 꼭 쓰라고 서류를 거듭 내밀던 교사를 기억한다. 악의가 있었던 것은 아니고 다양한 가족 형태를 접해본 경험이 부족해서일 것이라고 받아들였다고 한다. 그는 2022년 책『비혼이고 아이를 키웁니다』를 냈다. 편견을 없애려면 다양한 가족의 형태를 이야기해야 한다는 생각으로 책을 내게 되었다.

남자친구와 동거한 지 약 3년 된『갈월동 반달집 동거기』의 저자 정송이(31)씨는 '장례식장, 결혼식장 등에서 친지들에게 서로를 소개할 때 적절한 자격이나 대우를 받지 못하는 경우가 많았다'고 털어놓았다. 하지만 결혼처럼 공인되지 않았을 뿐, 경제적으로든 신체적으로든 위험한 상태가 되면 서로를 책임지겠다는 약속을 한 관계니까 우리는 가족이라고 말했다. 이혼 후 혼자 아들을 키우며 육아만화『일상날개짓』을 2008~2013년 한 포털에 연재했던 나유진(44) 작가도 비슷한 생각이다. 이혼 당시에는 네 살인 아들이 상처받거나 결핍이 생길까 걱정도 했다. 하지만 이제 스무 살이 된 아들과 끈끈한 관계를 생각하면, 정서적 안정감을 주는 것이 가정을 이루는 데 중요하다는 걸 확신한다. 이들은 진짜 가족의 조건을 생각할 때 가족의 물리적 형태보다는 상호 돌봄, 정서적 지지가 포함돼야 한다고 입을 모은다.

정상 가족 신화를 해체하는 건 저출생 문제 해결은 물론이고 가정폭력, 간병살인 등 사회문제를 푸는 실마리이기도 하다. 나영정 가족구성권연구소 연구위원은 "태어날 때부터 같이 산 사람이 가장 폭력적일 수도 있고, 혈육을 무조건 책임져야 한다는 압박이 가족 해체로 이어질 수도 있다"며 현실에 맞는 가족 개념 정립을 위한 논의가 필요하다고 강조했다. 특히 동거 가족이 받는 법적 차별은 개선이 시급한 문제다. 동거인은 응급수술이 필요할 때 보호자로 서명할 수도 없고, 장례 주관자로 먼저 나설 수도 없다. 나 연구위원은 "함께 사는 친구, 이성·동성 연인 등은 가장 가까운 관계라도 연락이 끊긴 부모·자식 등에 밀려 의사 결정을 대리할 수 없는 상황"이라며 이 문제를 시급히 해결해야 할 과제로 꼽았다.

"'가족'이라 함은 혼인·혈연·입양으로 이루어진 사회의 기본단위를 말한다." 건강가정기본법 제3조 1항은 가족을 이렇게 정의한다. 현행법에 따르면 혼인, 혈연, 입양의 방법을 통하지 않고서 개인은 타인과 가족을 이루어 살 수 없다. 하지만 사실혼, 비혼, 동성혼, 동거 등 다양한 방식으로 공동체를 이루어 사는 비친족 가구(5인 이하)는 2015년 20만 가구대에서 지속적으로 증가해 2020년 이후에 들어서는 그 2배에 이르렀다. 빠르게 '법 밖의 가족'이 늘고 있지만 이들은 돌봄·주거·의료·복지·상속 등에서 제도적 지원을 제대로 받지 못하고 있다.

건강가정기본법은 외환위기로 이혼율이 치솟으며 가정 해체가 사회 문제로 대두되던 2003년 제정됐다. '모든 국민은 혼인과 출산의 사회적 중요성을 인식하여야 한다.(제8조)' '가족구성원 모두는 가족 해체를 예방하기 위하여 노력하여야 한다.(제9조)' 등 부모와 자녀로 이루어진 '정상 가족'의 해체를 막으려는 게 입법 목적이다. 다양한 형태의 가족이 출현하고 있는 현 시점에서 보면 시대 흐름에 뒤처졌다는 비판이 나올 수밖에 없다. 제정 당시에도 건강가정기본법은 여러 지점에서 비판을 받았다. 법 시행 첫해인 2005년 10월 국가인권위원회는 "건강가정기본법이라는 이름은 '건강하지 않은 가정'을 떠올리게 해 일부 가정에 대한 차별과 편견을 유발할 수 있으므로 중립적인 법률명으로 수정해야 한다"는 권고를 내놓았다. 2006년 17대 국회 여성가족위원회는 건강가정기본법의 이름을 '가족정책기본법'으로 바꾸고 가족의 정의를 확대하는 내용을 담은 개정안을 통과시켰지만 본회의 문턱을 넘지 못했다.

그러다 2021년 문재인 정부 당시 여성가족부가 '제4차 건강가정기본계획'(2021~2025년)을 국무회의에서 확정하면서 변화의 물꼬가 트이는 듯했다. 여가부는 법률혼·혈연 중심으로 규정된 가족 관련법의 가족 정의 규정의 개정 및 가족 유형에 따른 차별금지·예방을 위한 법적 근거 마련, 결혼 제도 밖의 다양한 가족 구성 보장, 친밀성과 돌봄 기반의 대안적 관계(비혼·노년 동거 등)에서 생활, 재산 등 권리 보호방안 마련 등을 정책 과제로 담았다. 하지만 보수 정부인 윤석열 정부가 들어서자 여가부는 입장을 바꿨다. 김현숙 여가부 장관이 2022년 9월 국회에서 '건강가정기본법 개정안'에 대해 "현행 유지가 필요하다"고 밝힌 것이다. 이처럼 가족의 다양성에 대한 논의는 정책적인 측면에서는 막혀 있는 것처럼 보인다.

하지만 건강가정기본법 개정 논의가 20년 가까이 지지부진한 상황에서도 21대 국회는 다양한 가족을 포용하기 위한 법안을 논의하고 있다. 모든 사람이 원하는 사람과 가족 공동체를 구성하고 차별 없는 지위를 보장받을 권리인 '가족구성권'을 보장하는 법안들이다. 2023년 4월 용혜인 기본소득당 의원은 혼인이나 혈연관계가 아니더라도 생활을 함께 하는 동반자에게 혼인에 준하는 권리와 의무를 부여하는 '생활동반자법'을 최초로 발의했다. 2014년 진선미 새정치민주연합 의원이 초안을 마련했지만 당시 종교계와 보수 성향 시민단체의 반대에 막혀 발의조차 못했다. 2023년이 되어 장혜영 정의당 의원은 '가족구성권 3법(생활동반자법·혼인평등법·비혼출산지원법)'을 발의했다.

첫발은 뗐지만 법안 통과까지는 첩첩산중일 것이다. 전통적 가족 가치를 중요시하는 종교계는 법 개정이 가정 해체와 동성혼을 조장한다며 조직적으로 반발하고 있기 때문이다. 총선 준비에 돌입하게 되면 표 계산에 들어간 정치권이 논란이 될 만한 법안을 논의할지 장담할 수 없는 처지다. 권수현 젠더정치연구소 여·세·연 대표는 '총선을 앞둔 정치권이 표의 득실을 따지며 혐오 정치에 편승하기보다 무엇이 시민들의 삶의 발전에 도움이 될지를 숙고해야 한다'며 입법 논의를 촉구했다.

발목 잡는 가족 내 성별 불평등

"결혼도, 출산도 절대 안 한다는 게 아니에요. 굳이, 선택을 하지 않을 뿐이죠." 6년차 직장인 임모(30)씨는 3년 전 남편을 만나 가정을 꾸렸지만 출산 생각이 전혀 없다. 결혼 전부터 딩크족으로 살기로 약속했기 때문이다. 이름을 대면 누구나 알 만한 금융회사에서 부동산 개발업무를 담당하며 성공적으로 커리어를 쌓아가고 있는 임 씨에게 출산은 미혼 시절부터 넘기 힘든 허들로 여겨졌다. 결혼을 했지만 아이보다 일을 통한 자아실현을 중요하게 생각한다는 그는 "주변에서 출산과 동시에 업계를 떠나거나, 직장생활을 하면서도 육아에 얽매여 힘들어하는 여성들을 수없이 봤다"고 말했다. 아이로부터 오는 기쁨도 크다지만 내 삶에 집중하면서 느끼는 행복을 포기할 수 없다는 것이 그의 생각이다. 공기업에 다니는 임 씨 남편도 비(非)출산 의지가 확고하다. 그는 자녀에게 교육 등 충분한 지원을 하지 못한다면 아이를 낳지 않겠다는 생각이다. 임 씨는 남성과 여성에게 요구하는 역할이 다른 사회에서 아이를 낳기가 어려운 것이 사실이라면서, 의식주와 육아에 들어가는 부담을 걱정하지 않고 사는 시대가 온다면 우리도 아이를 낳지 않을까 생각도 해봤다고 말했다.

비출산을 결심한 이들이 출산의 최대 장애물로 꼽는 요인은 성차별적 가족 문화다. 개인이 아닌 부부를 가족의 기본 단위로 보고 이 부부에게 사회적·경제적 생존 책임을 전적으로 떠맡기는 게 전통적 한국의 가족 문화라고 할 수 있다. 이는 오랫동안 '남성 부양·여성 가사노동'이라는 성별 분업으로 유지되어 왔다. 과거에는 효과적이었지만 남성 외벌이만으로 생존이 불가능해지면서 현실적 효용가치를 다했다. 하지만 여전히 남성에게는 주로 부양을, 여성에게는 가사노동을 요구하는 성차별적 관념은 뿌리 깊다. 결국 관념과 현실의 괴리로 개인은 사회적 성취와 출산·육아 중 한 가지를 포기해야 하는 상황에 이르렀다. '결혼+비출산' 혹은 '비혼+비출산'이라는 선택지로 내몰리게 된 것이다.

결혼-출산을 전제로 가족을 상상하는 기성세대는 이런 선택을 이해하지 못한다. 임 씨 부부의 부모님과 주변 어른들도 마찬가지다. 안정적 직장에 다니는 부부의 가구 소득은 연 1억 1,000만 원 정도다. 부모 세대가 생각하기에 이 부부의 경제적 조건은 아이를 낳기에 부족함이 없는 수준이다. 하지만 그들은 "업무상 1주일에 나흘은 업계 사람들을 만나는데 일과 육아를 병행하는 것이 가능하겠느냐"고 반문한다. "육아의 짐을 엄마에게만 지우는 현실이 눈앞에 있는데도 결혼했으니 자연히 아이를 낳을 거라고 기대하기는 어렵습니다."

결혼하지 않은 미혼 남녀의 생각도 크게 다르지 않다. 이들은 사회적 성취를 달성하면서 출산, 육아를 동시에 수행하는 고난도 퍼즐을 풀기보다는 더 나은 조건을 갖추기 위해, 혹은 부담과 손해를 최소화하기 위해 '결혼-출산' 선택지

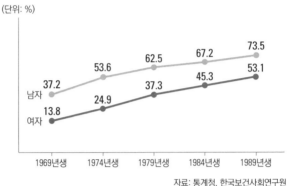

30세 시점 남녀 미혼율

(단위: %)

남자: 37.2 → 53.6 → 62.5 → 67.2 → 73.5

여자: 13.8 → 24.9 → 37.3 → 45.3 → 53.1

1969년생 1974년생 1979년생 1984년생 1989년생

자료: 통계청, 한국보건사회연구원

를 후일로 미룬다. 취업해서 연애를 하고 이른바 결혼적령기에 결혼해 출산하는 전통적 생애 주기 사이클은 더 이상 유효하지 않다. 한국보건사회연구원이 최근 내놓은 '가족형성과 사회불평등 연구' 보고서에 따르면 1998년부터 2020년까지 한국노동패널 자료를 분석한 결과, 30세 시점의 미혼율은 1969년생 남성의 경우 37.3%였으나 89년생 남성에서 73%로 증가했다. 69년생 여성의 미혼율 역시 13.8%였으나 89년생 여성은 53%로 증가했다. 20년 사이에 30세 여성의 미혼율이 네 배나 증가한 것이다. 결혼 후 집안 살림과 육아를 전담하는 어머니, 꿈을 포기하고 아이를 키우는 경력 단절 선배의 사투를 생생히 지켜본 미혼 여성들에게 비혼·비출산은 나름의 생존 전략이었던 셈이다.

중소기업 사무직으로 근무하는 최수연(27)씨도 그런 경우다. 수연 씨는 "작은 회사에서는 아직도 면접 때 '남자친구 있느냐', '결혼 생각이 있느냐', '애를 가질 생각 있냐'라고 물어보는 곳이 있다"며 여성에게는 결혼과 자녀 계획 자체가 취업 성패에 영향을 준다고 했다. 당장 수연 씨가 처음 직장을 얻었던 한 자리가 바로 출산한 이후 복직하지 못한 여직원의 자리였다. 결혼을 한다 해도 육아와 가사노동을 전담하는 상황은 결코 마주하고 싶지 않은 미래다. 그는 평소에 아버지는 손 하나 까딱하지 않고 어머니만 집안일을 도맡는 모습을 봐왔다고 했다. "세상이 돌아가는 상황을 보면 나 또한 그러지 않으리란 보장이 없다는 것"을 깨달았다. 이런 이유로 수연 씨는 결혼과 출산은 하고 싶지도, 가능하지도 않은 선택이라고 단호히 말했다.

뿐만 아니라 가족 부양은 남자가 책임져야 한다는 성 역할을 내면화한 남성들에게도 결혼과 출산은 갈수록 고르기 힘든 선택지가 되고 있다. 과거에 비해 양질의 일자리를 얻기 쉽지 않은 데다 출산과 육아를 선택하기 위한 체감 비용이 몰라보게 높아졌기 때문이다. 이들 역시 가족을 꾸리고 아이를 낳을 의향이 있어도 경제적으로 안정되지 않았다는 이유로 미루거나 단념하는 경우가 부지기수다.

인터넷 쇼핑몰을 운영하는 최동준(28)씨는 결혼하면 자신이 생계를 책임져야 한다는 부담감에 4년간 교제한 여자 친구와의 결혼을 미뤘다. 인터넷 쇼핑몰 사업을 갓 시작한 동준씨는 "여자친구는 경제적으로 안정적인 관계를 원하지만 사업을 막 시작한 나는 그럴 수 있는 상태가 아니다 보니 결혼이나 동거에 대해 다시 고민하게 된다"고 털어놓았다. 동준 씨는 "아이를 두 명 이상 낳고 싶지만 역시 돈이 가장 큰 문제"라고 말했다. 결혼 5년차 맞벌이인 박지성(37)씨는 최근 둘째 출산 계획을 완전히 접었다. 신혼 때는 아이를 두 명 이상 낳겠다는 자녀 계획을 세웠다는 부부는 팬데믹 기간 첫째 아이를 낳아 키우면서 생각이 180도 바뀌었다고 한다. 코로나로 어린이집 휴원 조치가 내려질 때마다 휴가와 재택 근무, 부모님에게 도움을 받으며 겨우 넘겼지만 계속 버티기가 쉽지 않았다. 육아에서 이러한 '현타'(현실자각타임)보다 더 큰 문제도 있다. 맞벌이 부부지만 경제적 부담이 적지 않은 점이다. 그는 "한 명 월급으로 대출을 갚고 다른 한 명 월급으로 생활비를 충당하는데 아이가 한 명이어도 근근이 균형 재정을 유지한다"며 둘째는 엄두가 나지 않는다고 했다.

경제적 부양을 본인이 해야 한다는 가치관을 가진 이상, 남성들 사이에서 '결혼과 출산은 소득순'이라는 자조가 나오는 것도 무리가 아니다. 한국노동연구원이 2022년 발간한 '노동과 출산 의향의 동태적 분석' 보고서에 따르면 2017~2019년 20대 중후반(26~30세) 남성의 소득 상위 10%(10분위)의 결혼 경험 비율은 하위 10%(1분위)의 3배를 뛰어넘는다. 40대 중후반(46~50세)에 이르면 소득 상위 10분위 남성의 결혼 경험은 100%에 가깝지만 하위 10%는 10명 중 3명이 결혼을 하지 못한 것으로 보인다. 이러한 결과를 보면 경제적 부양에 대해 남성들이 느끼는 압박이 결혼율에 미치는 영향이 뚜렷하다는 것을 알 수 있다.

개인의 삶이 행복한 것이 우선

전문가들은 남녀 모두가 불행한 이러한 성차별적 가족 문화를 그대로 둔다면 저출생 문제의 해결은 요원하다고 말한다. 성차별적 가족 문화를 혁파하는 첫 단추는 여성이 경력 단절을 우려하지 않고 회사를 다닐 수 있도록 노동 환경을 개선하는 것이다. 신경아 한림대 사회학과 교수는 "여성이 경력단절이 되고 복직하더라도 임시직 등의 일자리로 밀려나는 상황에서는 부부가 아이를 낳기로 결심하기가 어렵다"면서 국가가 남녀 모두 육아휴직을 할 수 있도록 기업들에 인건비 등을 강력하게 지원하되 육아휴직자에게 불이익을 주거나 눈치를 보게 만드는 기업들은 문 닫게 하겠다는 각오를 보여야 한다고 강조했다. 뿐만 아니라 노동시간 단축, 돌봄 서비스 강화, 교육비 절감 등은 필수적이다. 이러한 정책들을 바탕으로 남녀 모두가 일과 육아를 함께하는 성평등한 가족 문화가 형성된다면 합계출산율도 높아질 것이라는 것이 신 교수의 설명이다. 또한 진미정 서울대 아동가정학과 교수는 "현재 맞벌이 비율이 절반 정도인데, 맞벌이를 전제로 정책설계를 해서 여성의 경제활동참여율을 더 높이는 것이 필요하다며 가족 친화적 직장환경을 만들어 근로시간의 자율성과 유연성을 확보해야 남녀 모두 일 가정 양립이 가능할 것"이라고 말했다.

갈수록 다양해지는 가족 형태를 고려한 지원책도 필요하다. 배정원 세종대 겸임교수(보건학 박사)는 젊은이들이 좀 더 쉽게 서로를 만나고 그 안에서 아이를 낳도록 하려면 프랑스나 핀란드, 스웨덴처럼 사실혼 등 다양한 형태의 가족에게 기혼 가족에게 버금가는 복지를 제공해야 한다고 제언했다. 배 교수는 "가족주의란 것은 결국은 가부장제를 말한다"면서 "혼인 지상주의 국가가 되어 가고 있다는 건 곧 다른 삶을 선택한 이들에게 불이익을 준다는 것이고 이는 결국 결혼 해체, 가족 해체 혹은 국가 소멸로 가게 된다. 아이를 낳든 안 낳든 개인의 삶을 행복하게 해주는 것은 국가의 책무"라고 강조했다.

2

가족 친화적, 여성친화적 일터
:직장

'합계출산율 0.78'을 탈출하기 위한 사회적 책임의 한 축은 직장이 짊어져야 한다. 직장을 다니는 근로자가 임·출·육(임신, 출산, 육아)을 꺼리게 만드는 환경에서는 정부가 아무리 많은 예산을 투입해도 효과를 보기 어렵다. 이에 저출생 시대를 극복하기 위해 많은 기업이 가족친화기업으로 거듭날 방법을 찾고 있다. 그 와중에 이미 육아휴직 후 복직률 95%, 평균 자녀 수 1.6명, 전체 직원 중 현재 육아휴직자 비율 8%를 기록하는 기업들이 있다.

청정원 등 유명 식품 브랜드로 유명한 종합식품회사 대상은 3년 전인 2020년부터 임신 사실을 알린 직원에게 입덧 캔디, 산모 크림 등 임신축하선물을 주기 시작했다. 회사가 먼저 직원의 임신을 축하해주는 분위기를 만들기 위해서였다. 대상에서 30년째 일하는 최창빈(57) 경영안전본부장은 직원 5,000명이 넘는 대기업에서 워킹맘의 처우 변화를 체감해 왔다. 인터뷰를 위해 서울 종로구 대상그룹에서 만난 그는 "1990년대만 해도 대상도 다른 기업처럼 여성 근로자가 결혼하면 회사를 그만두는 분위기"였다고 떠올렸다. 회사가 바뀐 건 2000년대 들어서다. 회사는 임신·육아 지원책을 보완했고 10년 전부터 출산 축하금과 선물을 보내기 시작했다. 하지만 여전히 출산이 임박해서까지 임신 사실을 회사에 알리지 않는 직원들도 있었다. 회사가 달가워하지 않을까 하는 고민이 여전히 남아 있어서다. 대상은 이를 해결하기 위해 출산선물에 앞서 임신축하선물 제도를 도입했다.

작은 배려지만 효과는 그 이상이었다. 직원 입장에서는 회사가 자신의 임신을 살뜰히 챙긴다는 마음을 갖고 부담을 덜 수 있다. 회사도 미리 알게 되면 임신한 직원의 업무를 조정해 주고 출산휴가 및 육아휴직으로 인한 업무 공백에 여유 있게 대응할 수 있게 됐다. 최 본부장은 임신축하선물을 받은 직원에게는 근무 강도를 조절해 주고 관련 제도를 쓸 수 있게 알린다며 "회사에서 챙겨주다 보니 직원 만족도가 높다"고 말했다. 김도형(47) 경영안전본부 팀장도 보통 15개월~18개월 직원이 떠나 있는 자리엔 대체인력 채용이 원칙이라며 "우리 팀에서도 다가올 8월 중순에 출산 예정인 직원을 대신할 사람을 뽑기 위해 5월 마지막 주에 면접을 봤다"고 말했다. 현재 대상에서 일하는 8세 이하 자녀가 있는 직원 722명 중 육아휴직을 한 인원만 246명이다. 육아휴직 제도를 사용한 후 15명은 육아기 근로시간단축 제도도 썼다. 육아휴직 후 복직해 1년 이상 퇴사하지 않고 일하는 비율도 2020년 80%, 2021년 87%, 2022년 95%까지 해마다 늘고 있다. 김도형 팀장은 "눈치 보지 않고 휴가를 쓰는 제도들이 육아 지원책과 함께 시너지를 내고 있다"고 말했다.

모두를 위한 돌봄지원

중견기업인 미래엔에서 학교 교사들이 수업에 참고하는 교수학습 사이트를 디자인하는 지영주(38)씨는 4월 파트장으로 승진했다. 2016년 동종 기업에서 이곳으로 이직했을 때 그의 직급은 과장이었다. 이듬해 첫딸을 낳고 1년 동안 육아휴직을 했던 그는 2018년 회사로 돌아와 지금의 업무를 이어 갔고 2020년 다시 둘째 딸을 낳고 육아휴직을 했다. 2021년 6월에 복직해 1년 뒤 1월 차장으로 승진했고 2023년 파트장에 올랐다. 이곳에서 지영주 파트장과 같은 사례는 드문 일이 아니다. 서울 서초구 미래엔 본사에서 만난 조아련

(35) 경영지원팀 책임은 직원 500명 중 현재 육아휴직자가 11명이라며, 여성 9명, 남성 2명으로 직원 성비(남성 30%)를 감안하면 남성 휴직 비율이 낮지 않다고 했다.

또한 2019년 주 52시간 근무제가 실시되자 회사는 시차출퇴근제를 도입했고, 2020년 신종 코로나바이러스 감염증(코로나19)이 확산한 뒤에는 재택근무 제도를 시작했다. 2023년 현재 직원의 53%가 시차출퇴근제를, 70%가 주 2회 재택근무를 하고 있다. 직원들의 평균 근속연수는 2022년 기준 7년 9개월로 출판업 평균인 5년 4개월보다 길다. 관리자(파트장 이상 44%), 임원(실장급 이상 20%) 중 여성 비율도 높다. 지영주 파트장의 상사인 디자인실장 역시 여성이다. 조아련 책임은 "회사 직원들의 평균 자녀수는 1.6명"이라고 말했다. 미래엔의 사례는 유연한 근무 제도와 법이 정한 권리를 당연하게 쓸 수 있는 환경, 그리고 그 권리를 누린 직원이 승진 등에서 불이익을 받지 않는 회사 분위기만 갖춰도 저출생 문제가 어느 정도 해결될 수 있다는 가능성을 보여준다.

이 같은 회사 제도를 운영하는 데에 추가 비용이 얼마나 드냐는 질문에 조아련 씨는 '없다'고 답했다. 시차출퇴근제와 재택근무로 직원의 일하는 시간이 줄어드는 일이 없고 육아휴직으로 대체 인력을 뽑아도 휴직 직원의 임금은 나가지 않기 때문이다. 다만 육아기 근로시간 단축, 육아휴직 기간이 짧은 경우 대체할 사람을 새로 채용하지 않고 그 업무 공백을 동료들이 나눠 맡는다. 지영주 파트장은 "모두가 복지제도를 쓰기 때문에 서로 돕는 분위기"라고 말했다. 눈치 보지 않고 관련 제도를 누리기 위해서는 십시일반 추가 업무를 나눠도 부담이 되지 않을 정도로 '규모의 경제'가 필요한 셈이다.

규모가 상대적으로 작은 기업은 유연근무를 적극 확대하면서 직원이 일과 돌봄을 함께하며 겪을 스트레스를 줄이기도 한다. '닥터지' 등 기초화장품 브랜드로 유명한 화장품 회사 고운세상 코스메틱은 현재 전 직원(193명)의 8%가 육아휴직 중이다. 직원 중 여성 비율은 77%를 차지하고 있다. 출산·육아 고민을 가진 여성 직원이 많아 이들이 마음 놓고 일할 수 있도록 복지를 늘린 결과 올해 2023년 역대 가장 높은 육아휴직 비율을 기록했다. 이곳의 인기 제도는 직원의 77%가 사용 중인 선택적 근로시간제. 시차출퇴근제를 보완해 2020년 시작한 이 제도는 코어타임(오전 10시~오후 4시)을 지킨 채 월 150시간(근무일 20일 기준)을 일하면 된다. 김선호 인재성장팀장은 "직원들이 자녀 어린이집 등하원 시간을 필요로 했고 돌발상황도 많았는데 시차출퇴근제로는 한계가 있었다"고 말했다. IT업계가 업무량 사전 예측이 어려워 선택적 근로시간제를 택하는 것과 달리 육아로 인한 일상의 불확실성에 초점을 맞춰 제도를 도입한 셈이다.

어린이집에 다니는 아들을 둔 김희연(32) 채용홍보팀장은 "정부의 육아기 근로시간단축 제도를 쓰면 줄어든 근무시간만큼 급여가 깎이지만 지금 회사의 제도는 급여 손실 없이 돌발 상황에 대응할 수 있어 훨씬 좋다"고 말했다. 고운세상 코스메틱은 2022년부터 법적으로는 1년인 육아휴직도 2년까지 늘렸고 법적으로 12주~36주인 임신기 2시간 단축근무 기간도 임신 전체 기간으로 확대했다.

이에 대해 생애 주기에 출산과 육아가 있지 않은 직원들도 불만이 크지 않다. 회사 돌봄 제도가 육아에 한정되지 않기 때문이다. 2022년부터 주 2회 재택근무를 운영하는 이 회사는 가족 돌봄을 위해서는 재택근무를 주 5일 내내 할 수 있고 무급인 중증질환 휴직제도도 유급으로 바꿨다. 김 팀장은 "다양한 돌봄 지원책을 도입해 모든 직원이 복지제도를 쓸 수 있다고 생각하고 있다"고 말했다.

세계 최장 육아휴직, 사용률은 최저

전문가들은 우리나라의 출산·육아지원 정책이 해외 주요국보다 적지 않다고 입을 모은다. 육아휴직의 경우 한국은 부모가 각각 52주를 쓸 수 있어 2022년 기준 경제협력개발기구(OECD) 30여 개 나라 중 여성은 여덟 번째, 남성은 첫 번째로 길다. OECD 국가 평균은 여성 32.3주, 남성 8.1주다. 우리나라의 경우 자녀가 초등 2학년인 만 8세 때까지 유급 육아휴직을 신청할 수 있는데 이 역시 벨기에(만 12세)를 빼고는 가장 길다. 고용노동부에 따르면 일본과 네덜란드(만 1세), 독일(만 2세), 노르웨이와 프랑스(만 3세) 등 주요 국가들의 유급 육아휴직 신청 기간은 대부분 만 3세를 넘지 않는다. 강민정 여성정책연구원 연구위원은 "제도만 보면 우리나라 육아지원책은 다른 나라에 비해 뒤쳐진다고 보기 어렵다"고 말했다.

　문제는 사용률이 낮다는 점이다. 국회입법조사처의 '육아휴직 사용권 보장을 위한 개선 과제' 보고서에 따르면 2020년 기준 우리나라의 출생아 100명당 유급 육아휴직 사용자 수는 여성 21.4명, 남성 1.3명에 그쳤다. 관련 통계가 비교 가능한 OECD 19개 나라 중 최하위다. 최상위권 스웨덴은 여성 380명, 남성 314.1명이 육아휴직을 썼고, OECD 평균 역시 여성 118.2명, 남성 43.4명이었다. 아이 1명에 대해 육아휴직을 여러 번 나눠 쓴 경우를 포함해 한국과 다른 나라와 격차는 크다.

　육아지원 정책이 좋아질수록 '부익부 빈익빈' 현상이 심해진다는 점도 문제로 꼽힌다. 통계청의 '2021년 육아휴직

통계'에 따르면 육아휴직 사용자 중 여성이 75.9%로 남성의 세 배가 넘었다. 그중에서도 육아휴직한 여성의 62.4%, 남성의 71%는 300인 이상 대기업 소속인 반면 50인 미만 사업장 직원은 남성 13.7%, 여성 22.9%에 그쳤다. 사업체 규모별 휴직자 비율은 2010년 관련 통계가 집계된 이래 거의 변하지 않았다. 이은형 국민대 경영학과 교수는 "노조 가입률이 높은 대기업 정규직을 중심으로 육아지원 정책의 혜택이 몰리다 보니 소외된 이들의 박탈감이 크다"고 지적했다.

근로자 보육지원책 재원의 상당 부분이 고용보험에서 지급되는데 이 비용을 더 상황이 열악한 일자리의 근로자들이 내고 있는 상황에서 지원을 늘릴수록 반발이 크다는 설명도 덧붙였다. 강민정 연구위원은 이제까지 정부는 출산·육아지원 제도의 사용률을 높이는 데 집중했지만 고용보험 가입자 중에서도 혜택을 못 받는 제도 내 사각지대, 그리고 특수고용직·자영업자 같은 고용보험조차 가입하지 못하는 제도 밖 사각지대를 줄이는 데 힘을 모아야 할 필요가 있다고 말했다.

누구도 불이익을 받지 않을 것

2016년 미국 소프트웨어 기업 세일즈포스에서 일하는

애비게일 홀링스워스의 배 속에 천사가 찾아왔다. 결혼 10년째를 맞은 홀링스워스 부부에게 임신은 축복과도 같았지만, 부부는 이 희소식으로 인해 고생을 감수할 수도 있다는 걸 직감했다. 아내가 맡은 장기 프로젝트가 한창 진행 중이었고, 당시까지 성과가 꽤 성공적이었기 때문이다. 이대로 잘 이어만 간다면 승진도 기대할 수 있었다. 하지만 아이를 낳고 잠시라도 기르려면 경력·성과 단절을 피할 수 없는 상황이었다. 내심 '임신이 몇 달 만 늦었으면 더 좋았을 것'이라는 생각을 하기도 했다. 그렇게 아이를 낳은 홀링스워스는 프로젝트 마무리를 두 달 앞두고 육아휴직에 들어갔다. 원래는 3개월만 쉬려고 했지만, 세 달 만에 복귀해 전과 똑같은 에너지로 일하는 게 어려운 일이란 걸 이내 깨달았다. 그래서 그는 회사가 보장하는 6개월 휴직을 전부 쓰기로 했다.

다시 찾아오지 않을 가족과의 시간에 전념하기 위해, 커리어를 잠시 포기한다고 생각했었던 그때 상사로부터 뜻밖의 전화를 받았다. "애비게일, 당신은 작년 한 해 놀라운 성과를 보여줬어요. 승진을 축하합니다." 휴직 전에 보여준 10개월의 성과를 인정받아, 시니어디렉터(팀장급)로 진급했다는 소식이었다. 그는 "아이가 태어났다는 사실이 내가 이전까지 이룬 성과를 깎아내리지 않았다"며 임신·휴직·복직으로 이어진 당시 상황을 돌이키며 말했다. 육아휴직 중에 승진한 것이 놀랍다는 반응에, 그는 세일즈포스엔 이런 사례가 적지 않다고 말했다. '육아휴직 때문에 불이익을 받아선 안 된다' 이 당연하면서도 당연하다는 듯이 지켜지지 않는 원칙이 세계 최고의 고객관계관리(CRM) 소프트웨어 회사에선 지켜지고 있었다.

직원 복지가 뛰어나기로 소문난 실리콘밸리에서도 육아휴직 중 승진은 흔치 않은 일이다. 세일즈포스도 이런 예외를 일상으로 만들기까지 꽤나 많은 시간을 투자했다. 그렇게 되기 위해 출산·육아에 실질적으로 도움이 되는 제도를 만들고, 이를 실제 쓸 수 있도록 장려하며, 제도를 이용했을 때 아무 불이익이 없다는 것을 지속적으로 증명해 보였다. 이 세 가지가 세일즈포스에 '성과 단절'이 없는 비결이라고 홀링스워스는 말했다. 세일즈포스는 시가총액이 260조 원에 달하는 기업용 소프트웨어 기업으로 전 세계 약 8만 명의 직원을 두고 있다. 2023년 올해로 9년째 세일즈포스에 근무하는 홀링스워스는 현재는 글로벌 복지 제도를 총괄하는 부사장을 맡고 있다.

사실 미국은 육아휴직을 위한 국가적 지원 쪽에서는 오히려 한국보다 부족한 나라다. 우선 육아휴직을 유급으로 할지 말지를 각 사업주가 자체적으로 결정한다. 이 때문에 출산·육아로 휴직하는 많은 직장인들이 무급을 감수한다. 그러나 세일즈포스는 직원들에게 최대 26주의 유급 육아휴직을 보장하고 있었다. 성별에 관계없이 주 양육자는 26주까지 휴직할 수 있고, 휴직 후 최대 4주 동안은 주4일 근무가 가능하다. 직장에 서서히 적응할 수 있도록 하기 위한 취지다. 또 출장을 가면 집까지 모유를 배송할 수 있는 서비스를 제공하고, 출산 용품 및 아기 용품 구입액 일부도 지원한다.

육아휴직 중 승진을 했던 홀링스워스는 이 제도를 직접 조직한 주인공이다. 다만 그는 "제도는 만드는 것 못지않게 실제로 쓰도록 하는 게 중요하다"고 말했다. 제도가 서류로만 존재하지 않도록, 누구나 이를 실제 이용할 수 있는 환경을 조성하는 게 핵심이란 것이다.

그렇다면 육아하는 직원이 '불이익을 받지나 않을까' 걱정하지 않고 휴직할 수 있도록 하는 방법은 뭘까. 그의 대답은 간단했다. "아이가 없는 사람도 눈치 보지 않고 휴직하는 것"이다. 세일즈포스는 그래서 출산·육아하는 여성 / 아이를 갖고 싶은 예비 부모 / 대리모를 통해 아이를 낳고 싶은 여성 / 아이를 입양하려는 남성 / 사춘기 자녀를 둔 남성 등 다양한 사례를 위한 위한 맞춤형 지원책을 갖추고 있다. 미국 내 직원은 대리모나 입양과 관련된 비용에 대해 최대 4만 달러(약 5,100만 원)를 환급받을 수 있다. 실제로 아이를 원하던 성소수자 직원이 회사에서 비용 일부를 지원받아 딸을 입양하고, 24주 간 육아휴직을 사용한 사례도 있다고 말했다.

눈여겨 볼 점은 이 회사의 지원은 자녀 관련으로만 국한되지 않는다는 것이다. 아픈 부모를 돌보려는 구성원, 자신의 마음을 치유하려는 구성원도 예외가 아니다. '사랑하는 사람을 돌보고자 하는 사람'이라면 누구나 필요한 지원을 받을 수 있다. 사실상 모든 사람이 지원 대상이 될 수 있기에, 육아휴직이 특혜나 역차별로 비칠 여지가 아예 없다. "회사에서는 육아휴직 중 승진한 사례, 회사의 지원을 받아 가족 부양의 부담을 덜었던 다른 동료들의 일화 등을 구성원들에게 적극적으로 공유한다"며 그래야 누구나 나를 위한 제도라는 것을 인지하고 온전히 누릴 수 있기 때문이라고도 했다. '제도가 있으니 쓰라'고 말만 할 게 아니라, 실제로 쓰는 사례가 주변에서 계속 나와야 '쓰는 문화'가 자연스럽게 정착된다는 것이다. 그리고 여기서 무엇보다 중요한 건 회사 리더급들이 솔선수범하는 것이라고 그는 조언했다.

"직원들은 저를 보면서 생각할 거예요. 부사장도 하니까, 나도 할 수 있다고요." 이런 사례를 자꾸 공유해야, 자신의 특별한 경험이 단순히 특별한 사례로 남지 않을 것이란 조언이었다.

출산과 육아가 여성만의 책무로 인식되고, 이 때문에 여성이 다니던 직장을 그만두면서 경력 단절을 겪는 건 한국만의 문제가 아니다. 영미권 언론에서도 육아 등으로 인한 직장 공백기를 의미하는 커리어 브레이크(career break)라는 표현이 종종 쓰인다. 2022년 직장인 플랫폼 링크드인의 설문조사에 따르면, 미국 여성의 69%가 출산 등에 따른 경력 단절을 경험했다고 답했다. 전 세계 응답자 평균(64%)보다 높은 수준이다. 이 때문에 생겨난 '마미 택스'(Mommy tax)란 말도 있다. 육아의 책임을 여성에게만 지우는 것을 '엄마에게만 부과되는 세금'이라고 비꼰 것이다.

　실리콘밸리 빅테크(주요 기술기업)를 비롯한 미국 기업들 중 상당수는 직원들이 겪는 이런 애로사항을 해결하기 위해 통상 베네핏 매니저(benefits manager)라고 불리는 직원 복지 담당자들을 두고 있다. 이들의 역할은 출산·육아 지원책을 포함한 복리후생 프로그램을 설계하고, 프로그램이 잘 운영될 수 있도록 관리하는 것이다. 앞서 만나본 세일즈포스의 애비게일 홀링스워스 글로벌 베네핏 부사장은 직원들과의 면담, 설문조사, 각종 데이터를 토대로 적절한 프로그램을 고안해 이것이 기업 가치, 전략, 재정 상황 등과 맞을 때 실제로 활용한다고 말했다. 그에 의하면 베네핏 매니저는 데이터 분석가이자, 상담사이자, 디자이너이면서 동시에 제도 사용을 장려하는 마케터이기도 하다.

　기업들이 이렇게 전담 직원까지 두면서 세심하게 육아

제도를 마련하고 이용을 장려하는 건 이 기업들이 선한 마음을 품고 사업을 해서가 아니다. 홀링스워스 부사장은 "다른 회사가 직원들에게 어떤 복지 혜택을 주고 있는지를 보고 서로 벤치마킹하기도 한다"며 이는 모든 회사가 같은 인재풀을 두고 경쟁하고 있기 때문이라고 했다. 인재가 중요한 실리콘밸리에선 기업들 입장에선, 더 나은 사내 육아제도를 보유하는 것은 '더 좋은 인재를 확보하기 위한 투자'를 하고 있다는 뜻이다.

이런 문화의 근본에는 직원들의 육아 부담을 더는 것이 결국 기업을 위한 일이라는 인식도 깔려 있다. 그는 "개인차는 있지만 모든 직원이 부담을 지고 있다"며 "그 부담이 육아라면, 회사가 육아 부담을 덜어줌으로써 직원들이 일에 더 집중할 수 있게 만들 수 있는 것"이라고 개인과 회사의 역할에 대해 설명했다.

3

이민자의 목소리를 듣는 사회
:이주

"외국인 노동자가 없는 마을을 상상이나 할 수 있겠습니까? 생각만 해도 아찔합니다."

경기 포천시 가산면에서 시금치 농사를 짓는 이모(50) 씨는 시금치를 상자에 옮겨 담는 외국인 노동자들을 바라보며 뿌듯한 미소를 지었다. 그는 외국인들을 향해 "농촌 마을을 버티게 해준 사람들"이라며 감사의 마음을 감추지 않았다. 포천에서 20년째 시설농사를 하는 이 씨에게 외국인 노동자는 그저 보배 같은 존재다. 이날 비닐하우스 안에서 일하는 10명의 외국인 노동자의 국적은 캄보디아, 태국, 네팔, 미얀마 등 다양했다. 이 외국인들이 이미 수년 전부터 가산면 농사의 대부분을 떠받치고 있다. 아마 이들이 빠져나가면 그날로 농사를 바로 접어야 할 상황일 것이다. 이를 통해 인력이 부족한 요즘 농촌의 절박한 분위기를 짐작할 수 있다.

가산면 인구 1만 587명(2022년 말 기준) 중 외국인은 3,135명으로 29.6%를 자치한다. 포천시 전체 14개 읍·면·동 중 외국인 비중이 가장 높다. 포천시 전체로 범위를 넓히면 외국인 노동자는 7,602명인데, 2012년과 비교해 보면 10년 만에 3배 이상 늘었다. 외국인들이 포천시로 쏟아져 들어오면서, 면소재지 인근에는 이제 동남아시아 식재료를 구할 수 있는 상점을 쉽게 발견할 수 있다. 포천시 시설채소연합회장은 "2000년 중반까지는 주로 노인들이 농사 현장을 지켰지만 외국인 고용허가제가 정착된 2010년 이후론 외국인에 의존한다"며 "손이 많이 가는 채소·화훼 시설재배 농업에 뛰어들겠다는 한국 젊은이들이 없다"고 상황을 전했다.

이 사례는 인력이 부족한 한국 노동시장의 실정을 단적으로 보여준다. 농업, 제조업, 서비스업 가릴 것 없이 고된 노동을 수반하는 업종은 이제 외국인 노동자들이 없으면 마비될 정도다. 일손이 부족한 농촌마을은 물론 전국 산업현장에서도, 힘든 일을 하지 않으려는 한국인을 대신할 외국인 노동자를 늘려달라는 아우성이 빗발친다. 하지만 외국인 노동자 고용 제도는 인력 만성 부족 현상을 겪고 있는 지금의 현실을 따라가지 못한다.

모든 산업에는 외국인이 있다

법무부는 2023년 9월 숙련기능인력(E-7-4비자) 제도 개선 계획을 발표했다. 숙련 외국인 인력을 선발하는 요건이 완화되고, 선발 인원도 늘리기로 했다는 것이다. 이는 장기간 단순 노무 분야에 종사해 온 외국인 숙련 근로자가 장기 취업비자로 체류 자격을 전환할 수 있는 요건 등을 완화해, 산업계의 고용을 지원하기 위한 의도다. 체류 자격 전환을 위한 외국인 근무기간 요건은 5년에서 4년으로 완화된다. 기업별로 사업체 규모와 관계없이 숙련기능인력을 최대 8인만 고용할 수 있도록 했던 족쇄도 풀릴 예정이다. 앞으로는 내국인 고용인원의 20% 범위에서 기업 규모에 따라 외국인을 고용할 수 있게 된다. 또한 기초 공정산업인 뿌리산업과 농·축산·어업, 비수도권 제조업체는 내국인 고용인원 30% 범위로 숙련기능인력 고용이 가능하다.

법무부는 2023년에는 숙련기능인력 5,000명을 7월까지 조기 선발하기로 했다. 연간 선발 인원이 2020년 1,000명, 2021년 1,250명, 2022년 2,000명보다 확대되는 것이다. 외국인 숙련기능인력 제도는 2017년부터 운영됐는데, 산업계 등은 체류 자격 전환요건이 까다롭고 산업 현장 수요에 비해 선발 인원이 턱없이 부족하다는 불만을 토로해 왔다.

글로벌 금융 위기 이후 지속된 10년 이상 불황의 터널을 겨우 지나, 이제서야 호황기 초입에 접어든 조선업의 상황도 크게 다르지 않다. 한국은 조선 수주 잔량 기준으로 부동의 세계 1위지만, 속을 들여다보면 한국인이 아닌 외국인 노동자들이 생태계의 근간을 지탱한다. 업계 '빅3'로 꼽히는 HD현대중공업, 삼성중공업, 한화오션(구 대우조선해양)의 외국인 노동자는 2022년까지 6,000여 명에 달한다. 하지만 수주 잔고가 3년치를 넘길 정도로 일감이 넘치면서 기존 인력으로 수주 기한을 맞추기 어렵다는 하소연이 이어지고 있는 것이 현실이다. 한국조선해양플랜트협회에 따르면, 2023년 3분기에 국내 조선업계에서 1만 3,000여 명의 생산직 인력이 부족할 것으로 추산된다고 한다. 정부가 부랴부랴 2025년까지 연간 5,000명 수준의 고용허가제(E-9 비자) 전용 쿼터를 신설했지만, 현장에서는 인력 부족을 해결할 수 없는 미봉책에 불과하다는 얘기가 나오고 있다. 조선업계 관계자는 "최근 (숙련노동자로 분류되는) E-7비자로 들어온 인력 대부분도 잡일에 투입된다"며 "인력 파견 전에 6개월 정도는 조선 도면과 용접을 가르치는 직업훈련을 거쳐 국내에 들어오도록 해야 한다"고 말했다.

2023년 고용허가제를 통해 입국하는 외국인 노동자는 역대 최대인 약 11만 명 수준이다. 이 중 3만 8,000명이 농업에 배정됐고, 나머지는 조선업 등 산업현장에 투입된다. 하지만 고용허가제를 통해 한국에 들어온 외국인 노동자들은 고용주가 '갑'이 되는 현실 때문에 어려움을 겪는 현실을 토로했다. 경기권의 한 비닐하우스 농장에서 일하는 네팔 출신 외국인 노동자 A(25)씨는 "고용허가제 비자로 입국하면 취업 연장과 재입국 취업까지 최대 9년 8개월간 일할 수 있지만 갱신 과정마다 고용주 허가를 받아야 한다"며 "결국 내 의지나 숙련도와 상관없이 고용주와의 관계에 따라 한국에서 일할 수 있는 기간이 정해지는 셈"이라고 말했다.

정부는 최근 농어촌 일손 부족 문제를 해결하기 위해 외국인 계절근로자(파종·수확 등 계절적 특징 때문에 단기간 일손이 필요한 분야에서 외국인을 고용하는 것)의 최대 체류 기간을 5개월에서 8개월로 늘렸다. 하지만 현장이 만족할 정도는 아니었다. 전남 무안군 관계자는 6월 한 달은 인력난에 시달리는데 7월로 넘어가면 할 일이 없는 게 농촌의 특성이라고 말한다. 계절근로자는 3~5개월 단위로 계약이 이뤄지는데, 필요한 시기가 특정돼 있어 농민들 처지에선 막대한 인건비를 들여 계절근로자를 고용하는 게 부담스러운 것이다. 지자체와 현장에선 땜질 처방보다는 근본적인 제도 개선이 필요하다고 입을 모은다. 숙련노동자의 E-7 비자의 경우 '내국인 노동자 수'에 따라 쿼터가 정해져 있는데, 인력이 절대 부족한 대부분의 농촌이나 지방 기업들의 경우 이를 맞추기가 쉽지 않은 것이 현실이다. 많은 사람들이 현장 상황과 동떨어진 제도를 조속히 개선해야 한다고 말하고 있다.

의성 마늘밭의 베트남 청년들

65세 이상 고령자 비율이 45%에 달하는 경북 의성군. 젊은이보다 노인이 더 흔한 국내 최고 고령 지자체인 이곳에, 2023년 2월 베트남에서 온 스물다섯 살 여성이 뿌리를 내렸다. 응우옌 티 푸엉 타오다.

타오는 6년 전 한류를 동경하며 한국으로 와 부경대학교에서 경영학을 전공했다. 그러다 우연히 방문한 의성군에서 매력을 발견하였고 이곳을 제2의 터전으로 삼기로 결심했다. "의성은 가족들과 함께 토마토 농사를 지었던 베트남 고향 하롱 베이 풍경과 비슷했어요. 그래서 마음이 끌렸죠. 대학시절 만난 베트남 남편과 결혼해서 이곳에서 자식을 낳고 자리잡기로 했어요." 지금 마늘농장에서 일하는 타오가 의성을 택한 이유다. 타오가 의성에 자리 잡을 수 있었던 건 정부의 시범사업인 '지역특화형 비자' 덕분이다. 지역특화형 비자는 인구 감소 지역에 일정 기간 의무적으로 거주·취업한 외국인에게 거주비자(F-2), 재외동포비자(F-4)를 미리 발급하는 제도를 말한다. F-2를 발급받은 외국인과 F-4를 발급받은 동포가 각각 5년·2년 이상 해당 지역에 체류하면 영주권(F-5)을 제공하는 것이다.

한국이 세계에서 가장 빠른 속도의 고령화 현상을 겪으면서, 이를 타개할 방안으로 이민정책이 유력하게 거론되고 있다. 현재 윤석열 정부는 출입국·이민관리청(가칭)을 신설하기로 하고, 상반기 관련 로드맵(이행안)을 내놓겠다고 공언한 상황이다. 한류의 꿈을 이루려는 베트남 청년과 젊은 일손이 부족한 고령 지자체 모두를 만족시킬 수 있었던 타오 사례처럼, 부족한 인력을 효과적으로 충원하기 위한 '한국형 이민정책'이 지속적으로 나와야 하는 시점이다. 정부는 인구 절벽에 따른 일손 부족 현상을 해결하기 위해 이민문호를 지속적으로 확대했다. 인구 감소가 노동력 부족으로 이어졌고, 그나마 남은 인구마저 양질의 일자리가 집중된 수도권으로 몰리는 상황이 반복되자 '지방 소멸'이라는 말까지 등장했다.

이런 현상은 한국만의 일은 아니고, 유럽·일본 등 다른 선진국들도 공통적으로 처한 상황이다. 다만 인구 문제를 먼저 경험한 선진국들은 시민권 신청을 위한 거주 기간 축소, 영주권 발급을 위한 체류기간 축소 등 적극적 정책을 통해 해외 인력을 자국에 모셔 오려고 안간힘을 쓰고 있다. 한국은 지금 시작해도 이들에 비해 몇 발 뒤처진 상황이다. 그래서 법무부는 "2023년 상반기에 저숙련 비자 트랙으로 인력 11만 명을 새로 들여오고, 고숙련 비자 트랙(과학기술 우수인재 영주·귀화 패스트 트랙 등)을 도입하겠다"고 나섰다.

다만, 전문가들은 해외 인력을 단순히 많이 들여오는 것보다 타오의 의성 정착 사례처럼 '정주형 시스템'을 구축하는 일에 힘을 쏟아야 한다고 강조한다. 장흔성 경북다문화가족지원센터장은 "지역특화형 비자 같은 이민정책을 활용해, 정주를 통한 인구 증가 및 지역 활성화에 도움이 돼야 한다"고 말하며 "그러나 현재 정부는 양적 확장에만 관심을 두고 있다"고 지적했다. 지역특화형 비자만을 남발하는 것도 장기적 대안이 되긴 어렵다. 인구 소멸 지역으로 자진해서 가려는 외국인이 있어도 사회 통합이나 지역 정착을 위한 투자가 이뤄지지 않으면, 5년 후 영주권을 받은 뒤 해당 지역에 머무르지 않고 수도권 등지로 떠나버리고 만다.

정부도 이런 점은 인식하고 있다. 2023년 하반기에 외국인정책 사회통합 평가제, 연간 취업비자 총량 사전 공표제 도입 등 '한국형 이민정책'에 최적화된 제도를 발표할 예정이다. 법무부는 경제협력개발기구(OECD)·유럽연합(EU) 이민자통합지표, 이민자통합정책지수(MIPEX), 아일랜드 이민통합전략 , 영국·독일 통합지표 등 해외사례를 참조하고, 한국의 특수한 환경을 반영한 국내지표를 개발할 계획이라고 한다. 법무부 관계자는 "한국의 상황에 맞는 사회통합 지표가 마련돼야 지역특화비자 등 정착형 이민 환경을 조성해 지역격차를 메울 수 있다"고 밝혔다.

2023년 하반기 발표를 앞둔 '연간 취업비자 총량 사전 공표제' 역시 한국형 이민정책에 맞게 마련될 필요가 있다는 게 전문가들의 중론이다. 산업별로 필요한 노동력을 측정한 뒤 취업비자 총량을 설정해 노동력 공백이 없도록 해야 하는데, 현실은 외국인 노동력 총량 측정이 이뤄지는 영역은 비전문인력(E-9) 비자밖에 없다. 정부가 전문성을 갖춘 해외인력을 유치하겠다고 공언하면서도, 실제로는 단기간(3년+1년 10개월) 머물 인력만 세고 있는 것이다.

조영희 이민정책연구원 연구실장은 10년 넘게 E-9 비자 발급에 필요한 인력을 5만~6만 명으로 고정한 것은 그간 변화한 산업구조 및 인구구조 변화 지표를 제대로 반영하지 못한 것을 증명한다고 지적했다. 이어 "산업별 직업군을 정확하게 측정할 수 있도록 이민정책 총괄을 담당할 수 있는 이민청을 설립해야 한다"고 주장했다. 비전문인력 비자를 발급받은 노동자를 향후 숙련기능인력(E-7-4) 비자로 끌어올려야 양질의 노동력을 확보하고 정주형 이민국가로 나아갈 수 있다는 것이다.

이민이 대안이 될 수 있을까

파키스탄 출신 아라 타라눔(36)은 얼마 전 한국을 떠났다. 한국은 10년 동안이나 머물렀던 타라눔의 또 다른 조국이었으나 그는 지금 한국을 포기하고 캐나다에 살고 있다. 사연은 이렇다. 타라눔은 한국과학기술원(KAIST)에서 정보통신학과를 전공하며 박사학위까지 취득한 이공계 인재다. 그는 한국에서 연구원으로 일하겠다며 코리안 드림을 품었지만 비자 문제 때문에 꿈은 산산조각 나고 말았다. 그가 보유했던 취업(D-10) 비자는 그가 이전에 지녔던 유학(D-2)비자에서 향후 취득할 전문인력(E-7)비자의 징검다리에 해당하는 비자였다. 그러나 이 비자엔 단서조항이 있었으니, 6개월(3회 연장 가능) 안에 취업을 못하면 한국을 떠나야 한다는 것이다. 타라눔은 바로 여기에 걸렸다. 그는 연구실에서만 일하다 보니 한국어와 문화를 배울 기회가 적었고 외국인 입장에서 한국 학교를 졸업해도 일할 수 있는 기회가 많지 않았다. 그렇다 보니 6개월 안에 한국에서 구직 활동에 성공하기는 쉽지 않았던 것이다.

미흡한 제도와 환경 탓에 외국인 인재를 다른 나라에 빼앗기는 사례는 이 외에도 심심치 않게 이어지고 있다. 네팔국적인 A씨는 부인과 함께 유학(D-2) 비자를 발급받아 서울대에서 공학을 전공한 뒤 대학 강사로 수년간 근무했지만, 3년 전 한국을 포기하고 호주 이민을 결정했다. 자녀들이 언어 문제 때문에 국제학교에 입학해야 하지만 한국의 비싼 국제학교 등록금을 감당하기 어려웠던 것이다. 그래서 A씨 가족은 한국을 포기하고, 언어 장벽이 낮은 호주를 선택했다.

타라눔과 A씨의 사례에서 보듯, 고학력 이공계 인력을 유치하려면 단순히 관련 비자 문제만을 해결한다고 될 일은 아니다. 자녀의 보육과 교육, 언어·문화 적응, 구직 활성화, 직장 문화 개선, 외국인에 대한 편견 해소 등 사실상 거의 모든 영역을 아우르는 종합적 접근이 필요한 것이다. 그래서 필요한 것이 바로 '이민정책의 컨트롤타워'다. 합계출산율(여성 한 명이 평생 낳을 것으로 예상되는 아이 수)이 1 이하로 떨어진 상황이 5년째(2018년 이후) 지속되며 전 세계에서 가장 빠른 고령화를 경험하고 있는 만큼, 정부는 현재 '한국형 이민 사회' 기틀을 마련할 출입국·이민관리청(가칭) 신설을 추진 중이다. 그간 이민정책은 법무부, 고용노동부, 행정안전부, 여성가족부, 해양수산부 등 여러 부처로 분산돼 있었는데, 업무 중복 및 사각지대 문제를 해결하기 위해 이민청을 관제 탑으로 삼겠다는 구상인 셈이다.

과거 정부부터 이민정책 전담 조직의 필요성은 언급됐지만, 이민청 출범의 신호탄을 쏜 것은 윤석열 정부다. 2022

년 법무부는 '출입국·이민관리 체계 개선추진단'을 설치하며 이민정책 전담조직을 만드는 중이다. 그간 학계나 시민사회의 논의 수준에 불과했던 이민의 이야기를 구체화할 방법과 전략을 찾는 작업이 시작된 것이다. 정부는 우선 이민청 설립에 앞서 법령을 정비하고 이민자에 대한 인식을 바꾸기 위한 개선 사업에 나섰다. 이를 위해 이민정책 관련 법제를 개편하기 위한 연구용역을 이미 발주했고, 또한 외국인에 대한 이해·존중을 위해 2007년 만들어진 외국인처우법의 전면 개정을 추진 중이다. 한편에서는 이민청 설립에 필요한 재원 마련을 위해 이민사회통합기금(가칭) 신설이 필요하다는 의견도 나오고 있다. 비자를 발급받은 외국인들의 체류 갱신 수수료나 한국어능력시험 수수료 등을 재원으로 삼아, 사회 통합 프로그램 연구 예산에 활용해야 한다는 것이다.

무엇보다 이민자들의 목소리를 적극적으로 수용하는 자세도 필요하다. 네팔 출신인 수베르 타쿠르 한남대 교수는 한국에선 이민자들의 시민으로서 이 사회에 참여하고, 교육의 기회가 거의 없어 이민자들의 국내 정주를 유도하기 위한 정책이 사실상 없다고 말한다. 정부가 이민선진국과의 우수 인재 유치 경쟁에 이기기 위해선 무엇보다도 전반적인 사회 토대가 바뀌어야 할 것이다. 전문가들은 행정부 차원의 시스템 마련과 별도로, 충분한 논의와 사회적 합의를 담보할 수 있는 국회 차원에서의 공론화 과정이 필요하다고 주문한다. 한 정권의 임기 5년에 해결할 문제가 아니라 앞으로 어떤 정부가 들어서더라도 이 문제를 피할 수 없다는 점에서, 정치권과 여론의 의지를 한곳에 모을 때가 되었다.

법무부는 2023년 상반기 중 이민청 이행안(로드맵)을 내놓을 계획이었지만, 로드맵 발표는 예상보다 좀 더 지연될 것으로 예상된다. 법무부는 그간 국민참여단이나 공청회를 통해 이민정책에 대한 여론을 수렴했는데 이민 확대 및 이민청 신설에 대한 찬반 여론이 팽팽한 것으로 나타났기 때문이다. 그러자 여론을 더 수렴해야 한다는 내부 의견이 우세하게 되었다. 그래서 법무부는 2022년 5월부터 이를 위해 비공식 조직을 운영했고, 2022년 11월에서야 법무부 출입국·이민관리체계 개선추진단을 발족해 관련 준비를 해왔다. 국회 차원에서 논의는 이제서야 첫발을 내디딘 상황이다.

앞으로는 이민정책 관련 논의가 법무부 수준에 머물 것이 아니라 행정부 전 부처와 국회를 함께 아우르는 수준으로 확대되어야 한다는 것이 모든 전문가들의 말이다. 실제 미국·캐나다·호주·덴마크·독일 등 이민 선진국의 의회 역시 관련 상임위원회 또는 소위원회를 통해 정부의 이민정책을 감시하고, 의회 자체적으로도 이민정책 제안·검토를 하고 있다.

대통령 직속 저출산고령사회위원회(저출산위)도 이민이 인구 절벽 현상을 해결할 주요한 대안이라고 인식하고, 공론화를 진행할 예정이다. 최근 저출산위에서는 보건복지부와 함께 위원회 산하에 인구정책 범부처 협의체인 '인구정책기획단'을 출범한 만큼, 인구 문제와 대안에 대한 사회적 논의를 위해 이민을 하나의 의제로 선정할 만큼 중요하게 다루고 있다. 그간 행정부가 주도적으로 추진했던 이민청 문제를 국회 등에서 관심을 갖고 논의한다는 것 자체가 이민 로드맵의 방향성과 내용에 큰 동력이 될 것으로 보인다. 인구 위기에서 가장 큰 대응책으로 손꼽히는 것이 이민 및 이주에 대한 정책이지만 폐쇄적인 한국 사회의 성격상 쉽지 않아 보이는 것이 사실이다. 세심하고 신중한 접근이 필요한 것은 물론 이민자들의 목소리를 들을 수 있는 사회가 되는 것도 중요하다. 차별적인 제도를 없애고 서로를 잘 이해할 수 있는 다문화 교육의 강화가 필요할 것이다.

4

인구 절반 시대의 병역 자원
:병역

#2038년 6월 27일 오전 6시 동부전선 부대 생활관. 정고운 상병이 졸린 눈을 비비고 일어났다. 주변은 고요하다. 몇 명 없는 전우들마저 보이지 않는다. 모두 모니터링 근무에 투입된 모양이다. 인공지능(AI)이 결합된 과학화 경계시스템을 지켜보는 임무다. 덕분에 불침번은 사라졌지만, 대신 하루 종일 화면을 들여다봐야 한다. 허리가 좋지 않은 정 상병도 마찬가지다. 입영신체검사 4급 판정이라 2023년이라면 사회복무요원으로 현역 입대를 피했겠지만 이제는 어림도 없다.

#아침 먹으러 가는 길. 오늘따라 식당이 유난히 멀게 느

껴진다. 지금 이곳은 국군 병력 60만 명이 넘었을 때 조성한 주둔지다. 현재 병력은 30만 명에 불과하다. 그렇다고 투정 부릴 여유는 없다. 서둘러 먹고 교대하러 가야 한다. 징집병 으로 끌려온 데다 사람이 귀하다 보니 작은 일에도 서로 짜 증만 쌓인다. 유일한 낙은 휴대폰. 화면을 켜고 전역 날짜를 다시 곱씹어 본다.

　가상의 상황이지만 2038년이면 곧 맞닥뜨릴 우리 군 의 미래 자화상이다. 인구 절벽이 가속화하면서 병역 자원 이 국방 수요를 따라갈 수 없는 상황이 가속화됐기 때문이 다. 2022 국방백서에 따르면 우리 군의 평시 병력은 50만 명 수준이다. 육군 36만 5,000명, 해군·해병대 7만 명, 공군 6만 5,000명으로 구성돼 있다. 2020 국방백서와 비교해보면 육 군 42만 명, 해군·해병대 7만 명, 공군 6만 5,000명으로 총 55만 5,000명에 달했던 것이 불과 2년 만에 10%에 달하는 5 만 5,000명이 줄어든 것이다.

　10년 전인 2012년과 비교하면 병력 감소는 더 확연하 다. 2012년 국방백서는 우리 군 병력을 육군 50만 6,000 명, 해군·해병대 6만 8,000명, 공군 6만 5,000명으로 총 63 만 9,000여 명이라고 기술했다. 당시와 비교하면 해군·해병 대 병력은 소폭(2,000명) 증가했고 공군은 현상을 유지했다.

2012~2022 병력 감소 추세

(단위: 명)

연도	육군	해군해병대	공군	총병력
2012년	50만 6,000	6만 8,000	6만 5,000	63만 9,000
2014년	49만 5,000	7만	6만 5,000	63만
2016년	49만	7만	6만 5,000	62만 5,000
2018년	46만 4,000	7만	6만 5,000	59만 9,000
2020년	42만	7만	6만 5,000	55만 5,000
2022년	36만 5,000	7만	6만 5,000	50만

자료: 국방부

반면 가장 큰 비중을 차지하는 육군은 4분의 1이 넘는 14만 1,000명(약 27.9%)이 줄었다. 그로 인해 총병력은 21.8% 감소한 셈이다.

절반으로 줄어들 병역 자원

병력이 줄어드니 기존 군부대를 유지하기도 버거운 것이 현실이다. 2010년 이후의 육군 사례만 보더라도 2019년 1월 1일 육군 제1야전군사령부와 제3야전군사령부가 지상작전사령부로 통합됐다. 사단급의 경우 통폐합이나 아예 없애는 부대 재편이 활발하게 이뤄졌다. 육군 26사단은 2018년, 20사단은 2019년, 57사단은 2011년 각각 8·11·56사단에 통합됐다. 이외에 2011년 76사단을 시작으로 71사단(2016년), 61·65사단(2017년), 30사단(2020년), 23사단(2021년), 27사단(2022년)이 부대 간판을 내렸다. 다가올 2025년에는 28사단이 해체될 예정이다. 역대 정권이 단계적으로 징집병 의무복무 기간을 줄인 것도 병력 감소의 한 원인이다. 노무현 정부는 육군 기준 기존 30개월 근무를 26개월로, 이명박 정부는 21개월로, 문재인 정부는 다시 18개월로 줄였다.

이처럼 10년간 병력이 20% 넘게 줄었지만, 이는 위기의 서막일 뿐이다. 1982~1984년 출생자가 그 이전의 80만 명 이상에서 70만 명 이하로 줄어든 충격은 아직까지 잦아들지 않았다. 이른바 '1차 인구 절벽'이다. 그런데 이게 끝이 아니었다. 2000~2002년 '2차 인구 절벽'이 찾아왔다. 1997년 외환위기 여파가 길어지면서 60만 명 중반대를 유지하던 신생아 숫자가 이 시기에 50만 명 이하로 급감했다. 고용 불안, 집값 급등과 같은 육아 여건 악화가 저출생을 부채질한데 따른 것이다.

이러한 인구 절벽으로 병역 자원 확보에 직격탄을 맞았다. 조관호 한국국방연구원(KIDA) 책임연구위원은 2021년 논문 「미래 병력운용과 병역제도의 고민」에서 "2000년의

병역 자원 절벽 추세

(단위: 명)

연도	20세 남자 인구	비고
2015년	37만2,000	1차 병역자원 절벽 (2015~2025)
2016년	35만8,000	
2017년	34만6,000	
2018년	33만2,000	
2019년	32만2,000	
2020년	33만2,000	
2021년	29만	
2022년	25만7,000	
2023년	25만5,000	
2024년	24만5,000	
2025년	22만5,000	
2026년	23만2,000	병역자원 정체기 (2026~2032)
2027년	25만5,000	
2028년	24만1,000	
2029년	23만1,000	
2030년	24만4,000	
2031년	24만4,000	
2032년	25만1,000	
2033년	22만6,000	2차 병역자원 절벽 (2033~)
2034년	22만6,000	
2035년	22만8,000	
2036년	21만1,000	
2037년	18만7,000	
2038년	17만1,000	
2039년	15만8,000	
2040년	14만2,000	
2041년	13만5,000	
2042년	12만5,000	

자료: 한국국방연구원(KIDA), 행안부 주민등록인구와 20세까지 생존율 적용

합계출산율 1.48이 2020년 0.84로 크게 떨어져 앞으로 20년 동안 병역 자원 급감은 정해져 있다"고 단언했다. 그의 분석에 따르면 20세 남성 인구는 2020년 33만여 명에서 2023년에는 25만 명, 2040년에는 14만여 명 수준으로 감소한다. 2020년과 2040년을 비교해 불과 20년 사이에 병역 자원이 절반 이하로 급감하는 셈이다. 그가 2022년 발표한 '2040 국방인력운영체계 설계방향'을 근거로 구체적으로 살펴보면, 현행 육군 복무기간 18개월을 기준으로 오는 2025년 우리 군의 병력 규모는 병 규모 30만 명에 간부 20만 명으로 총 50만 명을 목표로 한다.

하지만 다가올 2040년의 상황은 참담하다. 18개월 복무 기준, 병 규모는 16만~17만 명에 그친다. 설령 간부 규모가 유지된다고 해도 총병력은 36만~37만 명으로 줄어든다. 복무기간이 12개월로 단축되는 경우 병사 규모는 10만~11만 명에 그쳐, 현재의 3분의 1 수준으로 쪼그라들 전망이다. 반대로 현재보다 복무기간을 6개월 연장해 24개월 복무를 가정한다고 해도 22만~23만 명에 불과하다. 이는 목표치와 상당한 괴리가 있다. 심지어 병사 외에 간부로 범위를 넓힐 경우 상황은 더 암담하다.

1차 인구 절벽과 병 복무기간 단축 영향 등으로 간부를 지원하는 남성 입대자는 가파르게 줄고 있다. 2020년 학군·

학사장교 지원 인원은 불과 3년 전인 2017년에 비해 절반 수준이고, 부사관은 3분의 2에 그쳤다. 더 큰 문제는 정부 정책이 월급 200만 원 같은 병사 복지 확대에 초점을 맞추면서 간부들의 박탈감이 커졌다는 것이다. 조관호 책임연구위원은 2차 인구 절벽 시기에 때어난 남성이 군 간부로 활약할 2030년대 중반 이후에는 상황이 더 심각해질 것이라고 예상했다.

고시성 한성대 교수는 2020년 「인구절벽시대 병역자원 감소에 따른 한국군 병력구조 개편 발전방향 연구」 논문에서 "미래 한국군 상비병력은 예비전력 정예화와 국방민간인력 활용, 4차 산업혁명 기술을 적용한 첨단과학기술군을 전제로 최대 45만 명에서 최소 35만 명을 가장 최적의 규모로 판단한다"고 밝혔다. 이 수치로 보아 현재 50만 명과 차이는 무척 크다.

여성 징병제와 모병제가 대안일까

2018년 기준 상비군 병력 60만 명 가운데 65%(39만 1,000명)를 차지했던 현역병은 2032년부터 18만 명 이하로 감소할 예정이다. 인공지능(AI), 유무인 복합체계를 군에 도입한다지만 전쟁은 결국 사람이 한다. 더구나 한반도는 산악

지대가 많아 보병이 많이 필요한 지형이다. 적정 병력을 확보해야 하는 군 입장에선 발등에 불이 떨어졌지만 선뜻 대책을 내놓기도 어려운 상황이다. 특히 병역에 민감한 국민정서와 가공할 파급력 때문이다. 해법이 자칫 사회적 혼란과 갈등만 유발할 수 있다. 이런 이유로 국방부는 노심초사하며 여론 눈치를 살필 수밖에 없다.

그런 국방부가 최근 인구 절벽 시대에 대비하기 위한 연구용역을 발주했다. 2040년대 군 병력 수급 규모를 예측하고 안정적 병역 자원 확보를 위한 방안을 검토하는 이 연구에는 여성 병력 확대와 대체복무 폐지 등의 대안도 담겼다. 다만 이에 대해 군 관계자는 "미래 대비를 위해 어떤 옵션들이 가능할지 학자와 전문가 의견을 듣는 차원이지 정책 방향이 결정된 것은 아니다"라고 선을 그었다.

우선 거론되는 건 '여성 징병제'다. 병역에 남녀를 구분하지 말자는 주장이다. 박용진 더불어민주당 의원은 2021년 대선 출마 당시 저서에서 "징병제를 폐지하고 모병으로 15만~20만 명 수준의 정예 강군을 유지하되, 남녀 불문 40~100일 기초군사훈련을 받아 예비군으로 양성하자"고 주장했다. 과감한 공론화였지만, 정작 군에서조차 반응이 시큰둥했다. 100일짜리 군사훈련은 군 체험이나 마찬가지이고, 여성 전용 내무반 설치 등 예산 부담이 크다는 이유에서다. 외려 20대 남성들의 환심을 사려다 젠더 갈등만 부추긴다는 우려가 제기됐다.

그럼 '여성 모병제'는 어떨까. 현재 간부에 국한된 여성 군인을 병사로도 복무하도록 문호를 넓히자는 것이다. 양욱 아산정책연구원 연구위원은 제도가 없어 지원하지 못할 뿐 병사로 복무하고 싶어 하는 여성들이 분명 있을 것이라며, 그런 차원에서 현역병 복무를 원하는 여성에게 기회를 제공하는 것이 남녀 평등 차원에도 부합한다고 설명했다. 남성까지 포괄해 현재 징병제를 아예 '모병제'로 바꾸자는 주장은 단골 대책으로 꾸준히 거론되어 왔다. 2022년 대선 당시 심상정 정의당 후보를 시작으로 이재명 더불어민주당 후보, 안철수 국민의당 후보가 각각 '변형된' 형태의 모병제를 공약으로 내걸었다. 이는 징집병 규모를 절반 이상 줄이고 전문 부사관을 늘리는 것이다. 이 제도는 징병제 완전 폐지는 아니지만 전면 모병제로 가는 중간 단계로 주목받았다.

하지만 남북 대치 상황에서 모병제는 도박에 가깝다는 우려가 적지 않다. 막대한 예산 투입과 별개로 안정적 병력 운영이 불가능하기 때문이다. 이기식 병무청장은 한국일보 인터뷰에서 "모병제는 입대 인원과 전역 인원을 예측할 수 없다"며 "모병제를 시행했던 많은 국가들이 징병제로 환원하는 점을 되짚어 봐야 한다"고 반대 입장을 분명히 밝혔다.

실제 모병제로 전환했던 상당수 국가들이 최근 징병제 부활을 선언하고 있다. 그 계기는 러시아의 우크라이나 침공이 결정적이었다. 대만은 2018년 말 1년이던 의무복무를 '4개월짜리 군사훈련'으로 대체하며 징병제 폐지수순을 밟았다. 이후 군사훈련만 받는 대만군을 '무른 딸기'에 빗대 '딸기 병사'라 부를 정도로 전투력은 바닥을 쳤다. 이에 더해 우크라이나 전쟁 현실화로 중국의 대만 침공도 불가능하지 않다는 우려가 커지면서 징병제 부활 여론이 고개를 들고 있는 상황이다. 그러자 대만 당국은 2022년 말 '군 복무 연장안'을 확정해 2024년부터 의무복무 기간을 현행 4개월에서 다시 12개월로 늘리기로 했다.

러시아에 인접한 라트비아는 2007년 북대서양조약기구(NATO·나토)에 가입하며 모병제로 전환했지만 올 4월 징병제를 재도입하는 법안을 통과시켰다. 게다가 독일 내에서도 징병제 부활 목소리가 커지고 있다. 올 초 취임한 신임 독일 국방부 장관이 "2011년 징병제를 폐지한 것은 실수"라고 언론 인터뷰에서 밝히면서다. 2009년 '옛 소련의 잔재'라는 이유로 징병제를 없앤 폴란드에서도 최근 국민 절반 이상(54%)이 징병제 부활에 찬성한다는 여론조사 결과가 나왔다. 2014년 러시아의 크림반도 합병으로 안보 위협이 고조되면서 일찌감치 징병제로 유턴한 국가들도 있다. 뿐만 아니라 2010년 모병제로 전환했던 스웨덴이 7년 만에 징병제로 돌아섰고, 리투아니아도 2015년 징병제로 복귀했다.

복무 기간, 다시 늘리게 될까

그렇다 보니 최근 대안으로 자주 오르내리는 것이 복무기간 연장이다. 현재 병사 복무기간은 육군·해병대 18개월, 해군 20개월, 공군 21개월이다. 조관호 한국국방연구원 박사는 포럼에서 "현 제도 유지 시 2035년 이후엔 매년 2만 명 수준의 병력 축소가 불가피하다"며 "복무기간을 현 18개월에서 21개월 또는 24개월 등으로 유연하게 적용해야 한다"고 제언했다.

다만 이것을 현실에 적용하기는 쉽지 않다. 한때 3년이 넘었던 육군 복무기간을 18개월까지 줄였는데, 이를 다시 늘린다는 건 정치적 자해행위나 다름없기 때문이다. 선거 때마다 표에 민감할 수밖에 없는 정치권이 '복무기간 연장' 공약을 낼 리 만무한 실정이다. 만일 병력 감소가 피할 수 없는 미래라면 필수 인력만을 군인으로 채우고 민간 인력을 채용하는 해외 사례를 검토할 수도 있다. 한국의 동맹 국가인 미국이 대표적인 예다. 미군은 상비병력 대비 절반 정도 규모의 민간인력을 공무원과 군무원, 민간업체 위탁 등을 통해 확보하고 있다.

이는 우리가 획득 부분에서는 방위사업청을 위시로 하는 공무원 등을 채용하고, 정비 분야에서는 군무원을 채용하는 것과 큰 차이가 없어 보이지만 미군의 민간 인력 범위는 이보다 훨씬 넓다. 부대 경비 인력과 병력·장비 수송에까지 민간 인력을 배치한다. 심지어 전투에서도 민간군사기업(PMC)를 활용하는 곳이 미군이다. PMC는 전쟁과 밀접한 서비스를 제공하는 민간업체로 정비·보급·수송·기술지원 등 '후방지원', 보조 서비스를 제공하는 '군사지원', 전략·운용·조직상의 자문 및 병력 훈련 등의 서비스를 제공하는 '군사자문', 직접적인 전투행위 대행, 야전부대의 지휘·통제 등 실전과 관련된 서비스에 이르기까지 군사공급의 전 단계를 망라해 사실상 용병과 다름없는 조직이다. 군인이 부족하다면 민간인을 쓰면 된다는 것이 미국식 합리주의다.

우리 국방부도 병력이 부족한 상황에서 PMC에 문호를 개방할 수 있다는 입장이다. 신범철 국방부 차관은 "인구 감소로 인한 가용 병력 자원의 감소 현상은 현재 수준의 군 인력 규모를 유지하기도 사실상 어렵게 만드는 국가안보의 중대한 도전 요인"이라고 이미 말한 바 있다. 병력 감축이 필연적인 현재 상황에서 군이 전투 분야에 집중할 수 있도록 비전투 분야는 민간 아웃소싱을 확대하는 방향에 대한 검토가

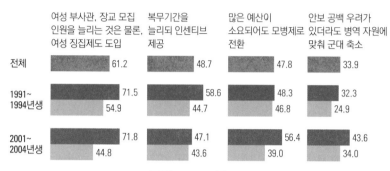

2030세대가 생각하는 군 병력 부족 해결 대안

■ 남성 ■ 여성 (단위: %)

	여성 부사관, 장교 모집 인원을 늘리는 것은 물론, 여성 징집제도 도입	복무기간을 늘리되 인센티브 제공	많은 예산이 소요되어도 모병제로 전환	안보 공백 우려가 있더라도 병역 자원에 맞춰 군대 축소
전체	61.2	48.7	47.8	33.9
1991~1994년생	71.5 / 54.9	58.6 / 44.7	48.3 / 46.8	32.3 / 24.9
2001~2004년생	71.8 / 44.8	47.1 / 43.6	56.4 / 39.0	43.6 / 34.0

모집단: 1991~1994년생, 2001~2004년 남녀 각 500명씩 총 1,000명
출처: 한국일보·한국리서치

필요한 시점이라는 것이 전문가들의 진단이다.

그러면 인구 절벽 시대의 당사자인 청년층은 이 같은 각종 대책을 어떻게 생각할까. 한국일보에서 진행한 '절반 세대 인식조사'에 따르면 인구 감소로 인한 병력 부족의 대안으로 '여성 부사관·장교 등 여성 간부 확대는 물론 여성 징집 제도를 도입해야 한다'는 의견이 61.2%(복수응답 가능)로 가장 많았다. 복무기간 연장(인센티브 제공)이 48.7%로 뒤를 이었고, 모병제 전환은 47.8%였다. '여성 병력 확대'에는 1991~1994년생 여성의 54.9%, 2001~2004년생 여성의 44.8%가 찬성했다. 다만 남성의 경우 70% 이상이 여성 병력 확대에 찬성해 성별에 따라 인식의 차이가 컸다.

복무 기간을 늘리되 인센티브를 제공하는 대책에 대해서 1991~1994년생 남성의 경우 과반수가 훌쩍 넘는 지지를 했지만 2001~2004년생 남성들은 47%로 그보다는 낮은 지지를 보였다.

군대 축소에 대해서는 응답자를 모두 가장 낮은 찬성율로 나타나 이들 역시 안보 공백을 우려하고 있다는 점을 알 수 있었다.

전쟁과 병력이라는 존재가 전 지구상에서 한꺼번에 사라지지 않는 이상, 한국의 병력 자원 역시 유지되게 될 것이다. 하지만 인구 절벽과 함께 병역 자원 축소는 피할 수 없는 미래다. 최근 전 세계 일어나는 잦은 전쟁으로 안보에 대한 관심이 높아지고 있어 어떤 쪽으로든 대안을 결정하는 것은 불가피해 보인다.

5

교육의 소멸이 곧 지역의 소멸
:교육

전남 목포시 옛 도심에 위치한 북교초등학교는 을미개혁 당시 소학교령에 따라 세워진 이래 일제 강점기와 남북 분단 등 험난한 현대사 속에도 매년 수백 명의 졸업생을 배출한 지역 대표 학교다. 설립 100주년인 1997년 제작된 기념지에는 익숙한 이름이 있다. 30회 졸업생 김대중 전 대통령이다. 3712번이 졸업생 번호로, 이것은 김 전 대통령에 앞서 3,711명의 졸업생이 있었다는 뜻이다. 김 전 대통령은 고향 하의도에서 학교를 다니다 중학교 진학을 위해 4학년 때 북교초로 전학했다. 학생이 가장 많았던 1969년엔 졸업자 615명, 재학생 3,456명에 달했다.

그러나 학생으로 북적이는 교정은 이제 옛날 얘기다. 북

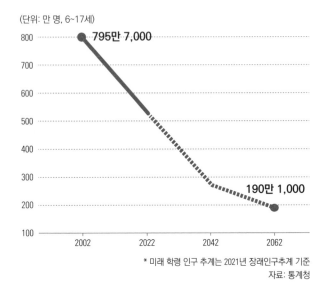

연도에 따른 학령 인구

(단위: 만 명, 6~17세)

795만 7,000

190만 1,000

* 미래 학령 인구 추계는 2021년 장래인구추계 기준
자료: 통계청

교초 6학년 학생, 즉 내년에 졸업할 학생은 21명뿐이다. 이마저도 졸업생은 갈수록 줄어들 판이다. 학교알리미에 따르면 북교초 재학생은 5학년 19명, 4학년 17명, 3학년 19명, 2학년 8명, 1학년 12명이다. 인구 감소, 지방 소멸, 도시 개발의 세 가지 현상이 겹쳐 구도심이 낙후된 결과다.

텅 빈 교실과 콩나물 교실

이에 대해 전남교육청 관계자는 "북교초 상황은 그렇게

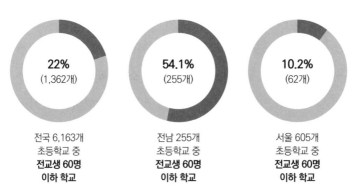

소규모 학교 현황

22%
(1,362개)

전국 6,163개
초등학교 중
**전교생 60명
이하 학교**

54.1%
(255개)

전남 255개
초등학교 중
**전교생 60명
이하 학교**

10.2%
(62개)

서울 605개
초등학교 중
**전교생 60명
이하 학교**

* 서울은 전교생 240명 이하부터 소규모 학교로 분류
자료: 통계청

어려운 편이 아니다"라고 했다. 면, 도서 지역은 교육부가 학생 수 60명 이하일 때 이전, 통폐합, 분교장 개편 등을 통해 학교 규모를 적정 수준으로 유지하도록 권고하는데, 현재 전남 초중고의 46%가 여기에 해당한다. 전남교육청은 2023년 4월부터 자체적으로 적정 규모로 개편할 학교 기준을 '학생 10명 이하'로 낮췄지만, 여전히 초등학교 10곳 중 1곳(9.8%)은 개편 대상으로 남아 있다. 아이러니한 건 학교 소멸 지역에도 곳곳에 '콩나물 교실' 학교가 있다는 점이다. 전남도청 이전으로 목포시와 무안군 일대에 조성된 남악신도시의 경우 행복초(2020년 개교)가 1,560명, 오룡초(2012년 개교)가 1,377명의 학생을 두고 있다.

이와 같은 지역 내 학생 수 양극화는 전국적 현상이다. 940만 명 이상이 사는 거대 도시 서울은 전교생 240명 이하 초등학교를 소규모 학교로 분류하는데 이런 학교가 2023년 62곳(10.2%)에 달한다. 학령인구 감소가 특히 두드러지는 곳은 구도심으로, 2023년 건대입구역 부근 화양초가 서울의 네 번째 폐교가 됐다. 반면 전국 초중고 교실 10곳 중 2곳은 과밀상태다. 이은주 정의당 의원이 교육부로부터 제출받은 2022년 현황에 따르면, 전체 초중고 학급 23만 6,254개 중 4만 4,764개(18.9%)가 학생 수 28명 이상의 콩나물 교실이었다.

'텅 빈 교실'과 '콩나물 교실' 어느 쪽도 좋은 교육 환경이 아니다. 과밀 학급은 교사와 학생의 상호작용이 부족하기 쉽고 학교폭력 문제에 취약하다. 코로나19 유행 국면에선 집단 감염을 피하기 위해 전면 원격수업(60인 이하 소규모 학교는 선택사항)을 해야 했다. 교원단체에서 학급당 학생 수는 20명 이하로 유지해야 하고 그러려면 교사 정원을 늘려야 한다고 주장하는 배경이다. 반면, 과소 학급은 학생이 친구와 교사를 다양하게 만날 기회가 적어 사회성을 기르는 데 제약이 따른다. 교사가 맡는 학생 수가 적은 게 장점이 될 수도 있으나 현실에선 교사 1명이 2, 3개 학교에서 겸임·순회 근무를 하는 일이 잦다.

취재를 위해 찾아가 본 전남 영암 도포중은 전교생이 13명으로, 1학년은 7명, 2·3학년은 각각 3명으로 학급을 이루고 있었다. 초등학생 때부터 같은 교실을 쓰던 아이들이라 교우관계는 좋지만 다수의 참여가 필요한 체육, 토론교육 등은 충분히 경험하기 힘들다. 1학년 한 남학생은 "학교 간 축구 대회에 나가고 싶어도 팀을 꾸릴 수 없다"고 말했다. 3학년 여학생은 "모든 선생님이 각 학생에 대해 다 알고 있다"면서도 "다양한 친구와 우르르 모여서 놀지 못해 아쉽다"고 했다. 이 학교 교사는 교장 선생님을 포함해 총 9명이다. 교사당 담당 학생 수는 적지만 학생 규모가 작으니 보건교사, 상담교사, 사서교사를 따로 둘 형편은 아니다.

그렇다고 무작정 학교를 통폐합하는 게 대안이 될 수는 없다. 늘어나는 통학거리가 대표적 문제다. 영암 도포중은 통학버스가 없어 학생들이 인근 초등학교 통학버스를 같이 이용한다. 영암 도포중의 채형렬 교장은 "지금도 30~40분씩 걸려서 학교에 오는 학생들이 있는데 인근 학교와 통합해 버리면 통학시간이 1시간은 족히 걸릴 것"이라고 말했다. 이렇게 되면 학생들이 몇 년간 하루 왕복 2시간씩을 통학에 쓰며 의미 없이 보내게 될 우려가 있다.

학교들의 '화학적 결합'

　양극단 교육환경을 해소하려면 적정한 '통합'과 '분산'이 필요하다. 전남교육청은 학교 규모를 적정하게 유지하고자 과밀학급 학교에서 농어촌 소규모 학교로 전입하는 '제한적 공동학구제', 2개 학교가 함께 수업을 진행하는 공동수업제, 초·중학교, 중·고등학교가 교사와 시설을 같이 활용하는 통합운영학교 등을 운영하고 있다.

　제한적 공동학구제 사례는 무안군 삼향동초에서 찾을 수 있다. 2013년 전교생이 49명에 불과했던 이 학교는 공동학구제 시행으로 2016년부터 남악신도시 학생이 다닐 수 있게 되자 학생 수가 2022년 105명으로 늘어났다. 2023년 기준 전체 학생의 60%가 신도시 거주자다. 학생이 늘어나면서 학교에는 학생 심리·정서를 지원하는 상담교실 '위(Wee)클래스'도 설치됐다.

　과밀학급에 지친 학생과 학부모들은 20명 이하의 적정 인원이 맞춤 지도를 받을 수 있는 삼향동초의 교실 환경에 만족감을 표했다. 남악신도시에 거주하며 네 아이를 이 학교로 진학시킨 최인숙(45)씨는 "기초학력이 부족하면 선생님이 일주일에 1, 2시간씩 따로 보충 수업을 해 주는 점이 좋다"며 "1학년 때 글 읽기가 잘 안되던 아이가 2학년인 지금은 많이 좋아졌다"고 했다. 농어촌 학교라 방과후 수강료가 전액 지원되고 교육청 차원에서 통학버스가 운영되는 점도 장점이다.

학생 분산을 통해 적정 규모의 교실을 꾸리려면 과감한 투자가 필수라고 전문가들은 조언한다. 박남기 광주교대 교육학과 교수는 "학교 규모 양극화를 방치하면 학생이 많은 학교에 투자를 더 하는 악순환이 생길 수밖에 없다"며 "양질의 무상 방과후 프로그램, 학급당 학생 수 20명 이하 유지 등 유인을 제공하면 밀집 지역에서 인근 지역으로 학생 이동을 충분히 유도할 수 있다"고 말했다.

통합과 분산이 학령 인구 감소 위기 극복과 바람직한 교육환경 조성으로 이어지려면 정부와 국회 차원의 제도적 뒷받침이 꼭 필요하다. 통합운영학교제의 경우 통학 거리가 크게 늘어나지 않는 장점이 있어 전국 124개 학교에서 시행되고 있다. 그러나 학사 체계나 교사 양성 체계가 다른 상하급 학교가 통합되다 보니 거기에 따라오는 어려움도 적지 않다. 김신안 전남교사노조 위원장은 "수업 시간부터 초등학교 40분, 중학교 45분으로 다르다 보니 수업 중인 체육관에 쉬는 시간을 맞은 아이들이 뛰어 들어오는 일이 벌어진다"고 말했다.

이렇다 보니 학교 간 통합 운영이 '화학적 결합'에 이를 수 있도록 정교한 제도적 장치를 고민해야 한다는 이야기가 나오고 있다. 2021년 17개 시도교육청은 학교급이 다른 교사의 교차 지도를 허용하는 초중등교육법 개정을 요구했지만 교원단체의 문제 제기로 법안 발의에 이르지 못한 상태다. 김신안 위원장은 "초등학교와 중학교 교사는 자격증이 달라서 수업을 통합하기가 어렵다"고 말했다.

일본과 독일의 대책

저출생에 따른 학령 인구 감소는 우리만의 얘기는 아니다. 학생 수 감소로 앞서 위기를 겪은 나라들이 어떻게 대처했는지 알아보는 것은 향후 정책 설계에도 중요하다. 교육계에서는 우리가 참고할 사례로 경제 상황, 학교 체제 등이 비슷한 일본, 합계출산율 및 인구증가율 패턴이 가장 유사한 독일에 주목하고 있다.

일본도 2000년대 초중반까지는 저출생을 막기 위한 출산 장려 위주의 교육정책을 폈다. 유치원 취원 장려비 지급, 돌봄보육 추진사업 등 육아 지원이나 학력 향상, 지역 어린이교실 등 개인별·지역별 맞춤 지원에 예산을 집중했다. 하지만 2010년대 들어서는 인구 감소에 대응하는 쪽으로 정책 방향을 선회했다. 학교 통폐합 논의가 본격적으로 이뤄졌고,

2015년에는 소규모 학교의 교육활동 강화, 휴교 학교 재개를 중심으로 하는 '활력 있는 학교교육 지원책'을 마련했다. 그중에서 눈여겨볼 대목은 지역 환경이나 소인수 지도의 특성을 살려 도시 학생의 지방 유학을 적극적으로 유도한 사례다. 히로시마(広島) 북쪽에 위치한 시마네(島根)현의 마쓰에(松江)시에서 배로 3시간 거리에 있는 오키섬 아마(海土) 마을의 오키도젠 고등학교는 학교, 지자체, 지역주민이 협력해 국내 유학생을 유치하면서 폐교 위기를 벗어난 사례다. 기숙사비와 연 4회 집에 다녀오는 비용의 일부를 지원하고, 특색 있는 교육과정에 지역연계형 공립학원을 통한 교과학습 지원을 더했다. 그 결과 2008년 89명에 불과하던 전교생 수가 2018년엔 타 지역 유학생 86명을 포함해 180명으로 2배 이상 증가했다.

일본 정부는 고등학교 국내 유학이 지역 소멸 대응에도 효과를 낼 것으로 보고 있다. 일본재단에 따르면 국내 유학으로 지방 고등학교에 진학한 학생의 약 40%가 어떤 형태로든 학교 소재 지역과 지속적으로 연결되고 싶다고 생각하는 것으로 나타났다. 대도시 거주 중3 학생의 40%, 학부모의 50%가 국내 유학에 관심을 가지고 있으며, 국내 유학을 경험한 학생의 75%가량이 성장을 실감했다는 응답 결과도 있다.

한편 2005년부터 10년간 학령 인구 감소 현상이 두드러졌던 독일은 온종일학교 제도와 뒤처지는 학생을 위한 지원을 대응책으로 꺼내들었다. 출생률 감소에 맞서 보육 부담을 덜어주는 동시에 한 명의 학생도 포기하지 않겠다는 맞춤형 교육을 실현한 것이다. 맞벌이 가정의 자녀를 위해 학교 수업이 다 끝난 후에도 아이들을 돌보는 제도인 온종일학교는 당시 독일 여성의 사회진출 확대와도 맞물려 시작돼 지금까지도 학령 인구 감소 대응의 핵심 방안으로 시행되고 있다. 2018년 통계에 따르면 초중등 학교의 67.5%가 온종일학교로 운영되며, 이들 학교 학생의 42.5%가 온종일학교 프로그램에 참여했다.

취학 전 보육·교육 프로그램도 대폭 확대했다. 연방정부는 2008~2018년 아동 보육 확대 등에 총 96억 4,000만 유로(약 12조 원)의 예산을 쏟아부었다. 독일에서 취학 전 교육은 의무교육이 아니지만, 베를린주의 경우 2011년부터 급식비를 제외한 보육·교육시설을 무상으로 이용할 수 있도록 했다.

독일의 학령 인구 감소 대응의 또 다른 축은 모든 학생이 잠재력을 최대한 발휘할 수 있도록 교육지원 방안을 시행한 것이다. 특히 학습능력이 떨어지는 이주·난민 학생과 장애 학생, 저소득층 학생 지원에 집중했다. 학생 개개인의 학습능력에 따라 맞춤형 지원을 강화하고 학교 졸업을 가능하게 해 다음 교육과정으로의 진입을 보장했다.

6

연금 고갈, 피할 수 있을까
:연금

인구는 급속히 줄고 연금 수급자는 늘어 연금 재정이 흔들리는 것은 한국만의 위기가 아니다. 정도의 차이는 있어도 대부분의 국가들이 같은 고민을 하고 있다. 다만 주요 선진국들은 급여 적정성과 재정 안정성 확보 차원에서 '자동안정화장치'를 도입해 운용하는 게 우리와는 다른 점이다.

한국보건사회연구원이 2022년 수행한 '국민연금 재정 안정화를 위한 공적연금 제도 개혁 방안 모색' 연구에 따르면, 경제협력개발기구(OECD) 38개 회원국 중 2021년 기준으로 스웨덴, 호주, 캐나다, 핀란드, 일본, 독일 등 24개국이 자동안정화장치를 운용한다. 도입하지 않은 국가는 한국과 오스트리아, 벨기에 등 14개다. 스웨덴이 1999년 처음 도입한 자동안정화장치는 인구구조, 경제지표, 재정수지 변화 등에 따라 연금제도의 모수(母數)가 자동으로 조정되게 설정한 규칙을 뜻한다. 각 변수들의 장기적인 흐름을 정확하게 예측하는 것은 매우 어려워도 당장의 변화가 연금에 미치는 영향은 충분히 계산할 수 있다는 전제가 깔려 있다.

경기 침체 시기에 급여 수준이 지나치게 하락할 우려 등이 있음에도 OECD 회원국의 약 3분의 2가 이 제도를 도입했다는 것은 단점이 있다고 해도 그 효용이 더 크다는 의미일 것이다. 국가별로 조정의 강도, 시기, 절차 등에는 차이가 있지만 자동안정화장치는 정권 성격에 따른 임의 개혁이 아니라 규칙적이고 투명하면서 세대 간 형평성을 높일 수 있다는 게 장점으로 꼽힌다. 반복적인 연금 개혁 논의로 인해 소모되는 정치·사회적 비용을 줄이는 효과도 있다.

그럼에도 국내에서는 아직까지 제대로 된 논의조차 이뤄진 적이 없다. 국민연금법에 따라 5년 단위 재정계산위원회가 처음 가동된 2003년에 일부 위원들이 도입 검토를 건의했지만 '차후 논의'로 미룬 것으로 알려져 있 다. 이후 2008년 2차 재정계산 때는 직전연도의 연금 개혁을 감안해 다시 다음 차수로 넘겼고 이후 흐지부지됐다. 그러다 정부가 5차 재정계산을 거쳐 2023년 10월 수립한 '제5차 국민연금 종합운영계획'에는 처음으로 '자동안정화장치에 대해 사회적 논의를 시작한다'는 내용이 들어갔다. 아직은 때가 이르다는 반론도 있지만 윤석명 보건사회연구원 연구위원은 "우리야말로 가급적 빨리 자동안정화장치 도입이 필요하다"며 "외국처럼 강하게 할 수는 없어도 방향성 정도는 제시해야 할 시기가 됐다"고 강조했다.

2060년, 연금의 현실은?

2060년. 서울에 거주하는 3인 가구의 가장 A(45)씨는 월급 명세서를 볼 때마다 한숨이 나온다. 잘 살지도, 그렇다고 가난하지도 않은 A씨의 세전 월 소득은 1,440만 원(2015~2023년 3인 가구 기준중위소득 연평균 증가율 3.23% 감안해 추산)인데, 매달 국민연금 보험료로만 210만 원(부과방식비용률 29.8% 가정) 넘게 빠져나가기 때문이다.

국민연금 기금은 이미 5년 전인 2055년에 말끔히 소진(제5차 국민연금 재정추계)됐다. 이듬해부터 연금 지급에 필요한 재정을 그해에 보험료를 걷어 충당하는 부과방식이 시행됐는데, 그렇게 되자 부과방식비용률(보험료율)이 30%까지 치솟았다.

그나마 A씨는 직장을 다녀 보험료의 절반을 회사에서

국민연금 제5차 재정계산(왼쪽)과 장래인구추계

국민연금 5차 재정추계

2023년	적립기금 953조 원(5월 말 기준)
2040년	적립기금 최대(1,755조 원)
2041년	재정수지 적자 시작
2055년	기금 고갈(-47조 원)부가방식전환
2060년	부과방식비용률 29.8%
2070년	부과방식비용률 33.4%

자료: 보건복지부

장래인구추계(2020~2070)

자료: 통계청

부담하는 것이라 좀 낫다고 할 수 있다. 자영업을 하는 동갑내기 친구 B씨는 A씨와 비슷한 월 수입에도 국민연금 보험료가 420만 원 넘게 나온다. 버는 돈의 약 3분의 1을 노년층 연금 지급을 위해 내놓는 셈이다. B씨 입에서는 연금 빚덩이를 떠넘긴 부모 세대에 대한 푸념이 끊이지 않는다.

돌이켜 보면 이는 충분히 예견된 일이었다. 2015년생인 A씨와 같은 해 태어난 아이는 43만 8,420명(통계청 인구동향조사)으로 1981년(86만 7,409명)과 비교하면 반토막이 났다. 2021년에는 연간 출생아가 26만 명에 불과할 정도로 출생률은 더욱 가파른 하락곡선을 그렸다. 생산연령인구는 급속히 감소했는데, 전체 인구 중 연금 수급자인 65세 이상 노인 비율은 43.8%(통계청 2020~2070년 장래인구추계)까지 상승한 게 2060년에 직면한 현실이다. 사실상 젊은이 한 명이 노인 한 명을 부양해야 하는 시대다.

가상의 시나리오지만 이것은 먼 미래의 일이 아니다. 현 국민연금 제도가 유지된다는 가정 아래 기존 통계 자료를 활용해 구성한 시나리오라고는 해도 지금 아이들이 중장년이 되면 이러한 현실을 직면할 가능성이 충분하다. 25년째 9%로 고정된 보험료율을 조금 끌어올리고, 국민연금 기금투자 수익률을 높인다면 몇 년쯤 늦춰지겠지만 기금 고갈이라는 암울한 결말을 피할 수는 없어 보인다. 이것은 유례없는 인구 감소 속에 공적연금에 내재된 한계이자, 2007년 이후 차일피일 미루며 연금 개혁을 외면한 결과다.

재정계산 뒤 제5차 국민연금 종합운영계획을 수립한 2023년에도 기초연금, 군인·공무원연금 등 직역연금, 퇴직연금까지 아울러 연금제도의 틀을 바꾸는 구조개혁안이 나올 가능성은 제로가 되었다. 국민연금법에 따라 5년마다 재정계산은 의무 사항이다. 그러나 2023년 5차 재정계산에 맞춰 2022년 7월 여야 합의로 출범한 국회 연금개혁특별위원회는 산하 민간자문위원회부터 합의가 불발되면서 당초 활동 기간인 2023년 4월까지 개혁안을 내놓지 못한 상황이다.

연금특위는 2023년 10월까지 활동 기간을 연장한 데 이어 다시 22대 총선 이후인 2024년 5월로 재차 활동기간을 늘렸다. 연금 구조개혁 방안을 논의한다지만 다가오는 국회의원 선거를 감안하면 설사 개혁안이 도출된다고 해도 장기적인 과제가 될 공산이 크다.

정부의 제5차 국민연금 종합운영계획도 알맹이가 없다는 비판을 피하지 못했다. 연금 개혁은 정부의 의지가 중요한데, 내놓은 것은 당초 예상된 보험료율이나 급여 산식 등을 조정하는 모수개혁안도 아니었다. 보험료율 인상이 필요하다는 방향성만 제시했을 뿐 구체적인 '숫자'는 전혀 담지 않았다. 보험료율은 물론 갈등의 대상인 소득대체율(가입 기간 평균 월급 대비 연금액 비율), 연금 수급 개시 연령 조정 등은 모두 국회 공론화로 넘겼다. 그러면서도 소득 하위 70% 이하 노인에게 지급하는 기초연금 40만 원 인상안은 포함시켰다. 2022년 30만 원 수준인 기초연금을 약 10만 원 더 올리는 것은 윤석열 정부 국정과제다.

애초에 기울어진 운동장

국민연금 보험료율은 1998년 6%에서 9%로 인상된 이후 25년째 고정되었다. 후대를 위해 '기금 고갈'을 늦춰야 한

국민연금 보험료율과 소득대체율 변화

보험료율

* 사업장 가입자는 사용자·근로자가 절반씩 부담

1988	3%
1993	6%
1998	9%
2023	소폭 인상 예정

소득대체율

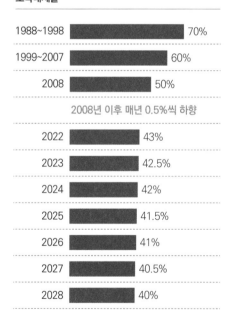

1988~1998	70%
1999~2007	60%
2008	50%
2008년 이후 매년 0.5%씩 하향	
2022	43%
2023	42.5%
2024	42%
2025	41.5%
2026	41%
2027	40.5%
2028	40%

다는 공감대도 어느 정도 형성되었고, 보험료율 인상을 피할 수 없다는 인식도 확산되었다.

60%였던 소득대체율은 노무현 정부 시절인 2007년 2차 연금개혁으로 2008년에 50%로 낮아졌고, 이후 매년 0.5% 포인트씩 내려가 2023년은 42.5%이고, 2028년에는 40%가 된다. 시민사회단체 중심으로 노후소득 보장을 위해 상향을 촉구하지만 소득대체율을 높이면 보험료율 인상 효과가 상쇄돼 기금고갈 시계의 속도를 늦추지 못하게 된다. 국회 연금특위 민간자문위도 이를 놓고 격론을 벌였지만 결론에 도달하지 못했다. 연금 전문가들은 국회 공론화에 앞서 정부가 보험료율이나 소득대체율에 대해 최소한의 정부안은 제시했어야 한다고 지적한다. 오건호 내가만드는복지국가 정책위원장은 "매번 그랬는데 아직까지 국회나 정부나 자신들만의 뚜렷한 개혁안이 없다는 것이 가장 큰 문제"라며 "2007년 연금개혁은 당시 정부가 지지층까지 비판을 해도 확고한 철학과 리더십으로 밀고 나갔기에 가능했다"고 말했다.

청년들은 이미 국민연금 자체를 처음부터 '기울어진 운동장'으로 인식하고 있다. 1988년 시작돼 연금 역사가 얼마 되지 않은 우리나라는 초창기에 가입한 현 수급자와 기성세대가 '덜 내고 더 받는' 구조인 반면, 뒤로 갈수록 '더 내고 덜 받는' 현상이 심화하기 때문이다. 국민연금연구원이 2022년

3월 발간한 정책보고서를 봐도 2007년 소득대체율을 60%에서 40%로 낮추는 연금 개혁 이후 현 청년세대인 2000년생과 미래 세대인 2020년생의 소득대체율은 1970년대생에 비해 14%포인트 이상 하락한다. 반면 평생 내야 하는 금액인 총보험료는 2020년생이 1970년생보다 약 1,255만 원 더 많았다.

그렇지 않아도 불평등한 구조인데, 개혁 논의마저 지지부진한 상황이 이어지자 청년들의 불만과 불신도 커지고 있다. 프리랜서 김현욱(30)씨는 국민연금 보험료를 많이 내더라도 예전에 비해 받는 돈은 점점 줄고 있어 청년은 불리할 수밖에 없는 상황이라고 청년 세대의 입장을 말했다. 지금이라도 연금제도를 제대로 바꿔야 하는데, 지금 거론되는 대안들은 썩 진정성이 느껴지지 않는다고 했다. 직장인 최지원(29)씨 역시 안 그래도 살기 팍팍한데 왜 국민연금을 부어야 하는지 반문하는 청년들이 많다며, "노후가 멀게 느껴지기도 하고 연금이 고갈된다는 불안감도 커 다른 곳에 투자하려고 하는 생각도 든다"고 말했다.

이러한 상황을 봤을 때 보험료율 인상 등의 모수 개혁이 청년들 불만을 잠재우기에는 역부족일 것이라는 생각이 든다. 김설 청년유니온 집행위원장은 청년들이 유난스러워서 국민연금을 불신하는 것이 아니라 짧은 연금 역사 때문에 제도가 불안정해 불신이 높을 수밖에 없다고 말한다. 결국 정부가 연금제도에 대한 신뢰성을 높이고 재정 안정성에 대해 청년을 설득할 수 있어야 한다. 그것이 지금 청년들이 가장 바라는 지점일 것이다.

제4부

대담 : 지속가능을 위한 논의

다양한 개인과 가족을
상상하고 받아들이는 사회

홍석철, 저출산고령사회위원회 상임위원

최슬기, KDI 국제정책대학원 교수

신경아, 한림대 사회학과 교수

이진송, 독립잡지 <계간홀로> 발행인

인구학자인 데이비드 콜먼 옥스퍼드대 교수가 "인구 감소 위기가 지속된다면, 대한민국은 지구에서 가장 먼저 사라지는 나라가 될 것"이라고 경고한 지 17년이 지났다. 그의 예언대로 대한민국 합계출산율은 바닥을 모르고 추락하고 있다. 위기의식과 절박함이 없는 건 아니었다. 우려와 다양한 논의 속에서 수백조 원을 쏟아 부었지만 상황은 더욱 악화했다.

어디부터 잘못됐을까. 저출산고령사회위원회 홍석철 상임위원, KDI 국제정책대학원 교수이자 인구학자 최슬기, 한림대 사회학과 신경아 교수, 독립잡지 〈계간홀로〉 발행인 이진송 작가가 머리를 맞댔다.

청년에 희망 못 준 사회의 자업자득일까

―지난해 합계출산율이 0.78명으로 OECD 국가 중에서 또 꼴찌다.

홍석철 상임위원(홍) 대한민국에서 아이를 낳고 키우는 환경이 얼마나 취약해졌는지 집약적으로 보여주는 결과다. 저출생 위기에 맞선 정부 대응 역시 낙제점에 가깝다고 평가할 수밖에 없다.

최슬기 교수(최) 과거 독일의 통일 직후 동독의 합계출산율이 0.7명대로 떨어진 적이 있다. 국가 시스템이 무너지고 실업자가 급격히 증가하던 '체제 붕괴' 상황이었다. 정상적 사회에서 0.7명대 출산율은 상상하기 어려운 숫자다. 대한민국 시스템 전반이 고장 났다는 증거다.

신경아 교수(신) 그동안은 아이는 낳고 싶은데 현실적 여건 탓에 포기한 '비자발적 선택'이 강했다면, 지금은 비출산을 자발적으로 선택하는 이들이 늘고 있다. 당장 내 삶도 버티기 힘들고 앞으로도 나아질 거란 희망이 희박한 상황에선 아이를 낳을 수 없다는 거다.

이진송 작가(이) 나라에선 인구 감소가 위기라고 하지만, 여성에게 출산은 '내 문제'로 다가오지 않는다. 아이를 낳으라고 다그치는데, 이 사회가 아이에 친화적인지는 의문이기 때문이다. 부모들은 카페에 들를 때마다 노키즈존이 있는지부터 체크한다. 아이 키우기 어려운 사회에서 아이가 적게 태어나는 건 당연한 거 아닌가. 자업자득이다.

─무수한 원인 중 핵심 몇 가지를 꼽아본다면.

최 요즘 세대는 불안을 느끼는 정도와 깊이가 이전과 달라졌다는 걸 정부에서 알았으면 좋겠다. 젊은 여성들에겐 미세먼지와 기후위기도 출산을 기피하는 요인이다.
불안을 감당할 수 있는 역량도 과거 세대보다 약해졌다. 양극화가 심해지고 상대적 박탈감이 더욱 커질수록 아이를 낳지 않게 된다. 1997년 IMF 금융위기 여파가 지속된 2000년대 초, 그리고 '헬조선' '각자도생' 담론이 퍼진 2015년 이후에 출생률이 크게 꺾인 것은 결코 우연이 아니다.

이 청년 세대에게 결혼과 출산은 모든 것이 준비된 완벽한 사람들만 누릴 수 있는 특권으로 인식되고 있다. 데이팅 프로그램만 보더라도 외국은 카페 서빙 아르바이트를 직업으로 가진 출연진이 등장하지만, 한국에선 고소득 정규직과 전문직들이 나와 집은 있는지, 돈은 얼마나 모았는지 '스펙'부터 따진다. 결혼과 출산의 계급성을 상징적으로 보여주는 장면 아닐까.

체제 붕괴 상황에서나 볼 수 있던 합계출산율

대한민국 시스템 전반의 고장을 의미

이 사회가 아이에 친화적인지 먼저 고민해볼 필요

홍 교육수준이 높아지고 경제활동에 참여하는 여성들이 늘어나면서, 결혼과 출산의 기회비용이 빠른 속도로 높아진 데 반해 양육과 돌봄 부담을 덜어주는 정부 투자는 뒤따르지 못하고 있다. 사회 전반에 공고히 퍼진 가부장 문화, 가족친화적이지 못한 기업 문화, 입시부터 취업까지 과열된 무한 경쟁, 그리고 아동과 공동체에 대한 사회적 가치가 경제 논리에 밀려 소홀히 다뤄진 점도 원인이다.

신 고정된 성별 역할을 강요하는 현실이 남성과 여성 모두를 불행하게 만들고 있다. 육아 돌봄이 여성들 몫으로만 굳어지면, 커리어를 포기할 수 없는 여성은 아이를 낳지 않을 수밖에 없다. 최근엔 경력 단절을 경험한 엄마들이 딸의 '비출산'을 지지해주는 '세대 간 동맹'마저 나타나고 있다.

남성들도 불행하긴 마찬가지다. 안정적 일자리가 풍부하지 않은 상황에서 생계 부담을 더 많이 떠안으며 압박을 받고 있다.

이 2015년 대한민국을 뒤흔들었던 '페미니즘 리부트' 사건도 빼놓을 수 없다. 강남역 살인사건이후 2030 여성들은 한국 사회가 엄마와 아내라는 이름으로 여성들을 얼마나 집요하게 착취하고 있는지 각성했다.

거기다 세월호 참사, 노키즈존, 스쿨존 논란 등을 거치면서 아이 안전을 사회가 책임져주지 않는다는 우려가 커졌다. 출산이 잘하는 일인지 끊임없이 자조하고 검열하게 됐다. 오죽하면 '아이를 낳지 않는 게 모성'이라는 말까지 나올까.

저출생 정책과 예산은 제대로 집행되고 있을까

—저출생 대응 예산에 수백조 원을 쓰고도 합계출산율은 끌어 올리지 못했다.

홍 16년간 280조 원을 쏟아 부었지만 성과가 없었으니 수치로만 보면 실패가 맞다. 하지만 저출생 예산이 어떻게 구성돼 있는지를 파악한다면 얘기가 달라진다. 전임 정부 때 만들어 놓은 '4차 기본계획'에 따라 편성된 대응 예산이 51조 원인데, 백화점식 정책이 남발됐다는 지적이 많았다. 임신, 출산, 양육, 돌봄, 일-육아 병행 지원 등 실질적인 저출생 예산은 20조 원에 불과했고, 그마저도 최근 5년 동안에는 예산이 크게 늘지 않았다.

그러니 280조 원 전체가 저출생 예산이라고 포장된 것부터가 문제다. 정작 필요한 예산은 오히려 부족했다. 과감한 정책이 없어서 실패한 게 아니라, 과감한 지원이 없어서 실패했다.

최 진짜 필요한 곳을 선별해 제대로 돈을 썼는지 살펴보면 정책에 후한 점수를 주기 힘들다. 육아휴직 지원금과 아동수당이 확대되고 있지만, 점진적으로 개선되다 보니 체감하기 쉽지 않다.

신 돈을 제대로 쓰려면 성 평등에 대한 정부의 확고한 의지를 천명하는 게 우선이다. 육아기 재택·단축근무만 봐도, 대부분 여성들이 많이 사용하고 있다. 이렇게 되면 기업들이 여성 채용을 꺼려하지 않겠나. 제도를 만드는 것만으로는 현실이 바뀌지 않는다. 정부가 중심을 잡아야 개별 정책도 효과를 낼 수 있다.

이 '아이 몇 명 낳으면 얼마'라는 일회성 현금 지원은 헛발질이라는 생각밖에 안 든다. 아이를 경제적 가치로 환산하는 발상 자체가 온당치 않을 뿐더러, 돈으로 출산을 강요하는 게 폭력처럼 느껴져 반발만 키울 수 있다.

—저출산고령사회위원회가 인구 정책 컨트롤타워 역할을 제대로 하고 있나.

홍 부처들과 협력해 정책 계획을 수립하고, 평가·보완하는 게 법적 역할이지만, 그동안 위원회가 제대로 역할을 못한 측면이 있다.
정부가 인구 위기를 총력 대응하기 위해, 모든 부처가 참여하는 범부처협의체인 인구정책기획단을 위원회 내부에 신설했다. 부처별로 산재한 인구 관련 정책 어젠다를 통합하고 새롭게 발굴해 나갈 계획이다. 인구정책평가센터도 설립할 예정이다. 향후 활동을 지켜봐달라.

최 청년들이 느끼는 결혼과 출산의 어려움을 위원회가 얼마나 심각하게 고민해왔는지, 출산 장려에만 초점을 맞춘 것은 아닌지 돌아볼 필요가 있다. 전통적 가치관을 강요하는 '올드 스타일' 정책은 오히려 출생률을 떨어뜨릴 뿐이다.

여성은 출산 도구가 아니라는 기본적인 인식부터 갖출 것
비혼 출산, 미혼모, 입양 가정 등
다양한 가정을 지원하는 상상력 필요한 시대

신 여성을 출산 도구로 인식하는 행태부터 바꿔야 한다. 그를 위해서 정부에선 큰 그림을 그려주는 게 중요하다. 여성을 존중하고 아이가 안전하게 성장할 수 있도록 비전을 제시해줘야 한다.

사회 돌봄 영역의 공공성이 강화되는 것도 중요하다. 양육을 개별 가족이 해결해야 하는 문제로 규정하면 출산에 대한 부정적 인식이 바뀔 수 없다. 돌봄은 국가 책임이며, 부모가 원하는 만큼 아이와 함께 시간을 보낼 수 있어야 출산에 대한 긍정적 인식이 생길 것이다.

이 결혼을 전제로 한 출산·양육의 공고한 연결고리를 끊어서 다양한 정책을 제시해야 한다. 결혼하지 않고도 가정을 꾸릴

수 있고, 출산하지 않고도 양육할 가능성에 대해 우리 사회는 굉장히 폐쇄적이지 않나. 비혼 출산을 선택한 방송인 사유리 씨를 두고 정상 가족을 무너뜨린다고 우려하기도 하지만, 지금은 이혼율이 높아서 정상 가족 테두리에서 자라지 않는 사람도 많다. 미혼모나 입양 가정 등 다양한 가족 구성원들이 차별받지 않고 지원받을 수 있도록 해야 한다.

ㅡ저출생 극복을 위해 제안하고 싶은 구체적 정책이 있나.

홍 우리나라는 육아휴직 급여의 소득대체율이 30% 수준에 불과하다 보니, 남성들이 가계 소득 감소를 우려해 육아휴직 사용을 주저하게 된다. 과감하게 지원을 늘려야 청년들 인식을 바꿀 수 있다. 한국에선 고용보험 기금에서만 지급되지만, 소득대체율이 70%에 달하는 유럽은 사회보험기금 등을 신설해 안정적으로 운영하고 있다. 우리도 다양한 재원 확보 방안을 고민해야 한다.

최 한국에서 육아휴직은 공공기관이나 대기업 같은 '좋은 일자리'를 가진 사람들이 주로 사용하고 있다. 사각지대를 없애고, 짧게라도 육아휴직을 경험할 수 있도록 '아빠 출산 휴가'를 한 달이라도 쓰는 방식을 제안한다.

아이가 태어났을 때부터 아빠에게 양육의 공동책임자로서 역할을 하도록 하면, 복직 후에도 자연스럽게 남성들의 육아 참여로 연결될 수 있다. 특히 아빠 출산 휴가 때는 100% 통상임금이 지급돼야 한다. 저출생이 국가적 과제라는 데 공감한다면 국가 재정으로 지원하는 게 바람직하다. 육아에 적극 참여하는 북유럽의 '라테 파파'도 남성들의 육아 휴직이 보편화하면서 자리 잡았다.

신 노동시장에서 성별 불평등 격차를 해소하는 데 정부가 발 벗고 나서야 한다. 최근 통계를 보면 외벌이보다 맞벌이 가정에서 둘째 아이를 출산하는 경우가 많다. 노동시장에서 여성들이 임금과 고용 형태에서 차별받지 않고 일할 수 있는 있도록 제도가 뒷받침돼야 한다.

'실패해도 괜찮아', 다르게 사는 것을 받아들이는 사회

―청년들이 아이 낳고 살 만한 사회가 되려면 대한민국은 어떻게 달라져야 하나.

홍 한국은 급격한 산업화 속에 생애 초기부터 치열하게 경쟁하면서 가족, 아동, 공동체 가치를 소홀히 해왔다. 그런 희생을 딛고 경제 선진국이 되었으니, 이제는 잃어버린 가치를 회복해야 한다. 모두가 공감할 수 있는 공정하고 유연하며 지속가능한 사회경제 구조가 필요한 이유다. 대전환을 위해선 가족, 기업, 정부 등 구성원 전체의 인식 전환과 동참이 필수적이다.

최 다가올 미래는 아이 한 명 한 명이 모두 소중한 사회가 되어야 한다. 개개인의 다양성과 창의성을 존중하고 이를 키워가는 사회로 나아가야 한다.

신 성별·계층 간 불평등이 크고 수직적인 사회일수록 합계출산율이 낮은 편이다. 한국이 대표 사례 아닐까. 성별·계층 격차를 줄이고 구성원들 관계를 수평적으로 바꾸려면 민주적이고 탈권위적인 문화가 정착돼야 한다.
어떤 부모에게 태어나든 아이의 돌봄과 성장을 지원하는 일차적 책임은 국가가 감당하겠다는 의지를 보여줘야 한다. 그것이 제도와 문화 속에서 구현될 때 한국 사회의 지속가능성은 보장될 것이다.

이 청년 세대의 최우선 가치는 생존이다. 생사의 문제를 넘어 사회적으로 인정받고 구성원에게서 배제당하지 않고 살아갈 수 있는 의미까지 포함한다.

문제는 한국 사회가 '정상성'에 대한 압박이 매우 커서 실패나 지연, 다른 선택을 용인하는데 인색하다는 거다. 그렇다보니 '이성 간 연애-결혼-출산-육아'로 이어지는 하나의 루트만 표준으로 제시된다. 아이를 낳아도 괜찮고, 아이를 낳지 않아도 괜찮은, 어떤 선택을 하든 자신의 삶이 위협받거나 침해당하지 않고 잘 살 수 있다는 믿음을 줘야 한다. 여기에 대한민국의 미래가 달려 있다.